LETRAMENTO DIGITAL
Aspectos sociais e possibilidades pedagógicas

Carla Viana Coscarelli
Ana Elisa Ribeiro
(Orgs.)

LETRAMENTO DIGITAL

Aspectos sociais e possibilidades pedagógicas

3ª edição
3ª reimpressão

Ceale* Centro de alfabetização, leitura e escrita
FaE / UFMG

autêntica

Copyright © 2005 Centro de Alfabetização, Leitura e Escrita (Ceale)

Todos os direitos reservados pela Autêntica Editora Ltda. Nenhuma parte desta publicação poderá ser reproduzida, seja por meios mecânicos, eletrônicos, seja via cópia xerográfica, sem a autorização prévia da editora.

CONSELHO EDITORIAL DA COLEÇÃO LINGUAGEM & EDUCAÇÃO
Antônio Augusto Gomes Batista (coord.), Ana Maria de Oliveira Galvão, Artur Gomes de Morais, Ceris Salete Ribas da Silva, Jean Hébrard, Luiz Percival Leme Brito, Magda Soares, Márcia Abreu, Vera Masagão Ribeiro

PROJETO GRÁFICO DA CAPA
Marco Severo

EDITORAÇÃO ELETRÔNICA
Glenda Milanio

REVISÃO
Ana Elisa Ribeiro

L649	Letramento digital: aspectos sociais e possibilidades pedagógicas / Carla Coscarelli, Ana Elisa Ribeiro (organizadoras). – 3. ed.; 3.reimp. – Belo Horizonte : Ceale ; Autêntica, 2021.
	248 p. — (Coleção Linguagem e Educação)
	ISBN 978-85-7526-170-5
	1. Letramento. 2. Leitura - estudo e ensino. 3. Novas tecnologias. I.Coscarelli, Carla. II. Ribeiro, Ana Elisa. III. Título. IV. Coleção.
	CDD - 372.4

Catalogação da Fonte: Biblioteca da FaE/UFMG

Belo Horizonte
Rua Carlos Turner, 420
Silveira . 31140-520
Belo Horizonte . MG
Tel.: (55 31) 3465 4500

São Paulo
Av. Paulista, 2.073, Conjunto Nacional, Horsa I
Sala 309 . Cerqueira César 01311-940
São Paulo . SP
Tel.: (55 11) 3034 4468

www.grupoautentica.com.br
SAC: atendimentoleitor@grupoautentica.com.br

ÍNDICE

Apresentação.. 07

Capítulo 1
Educação e Sociedade da Informação
João Thomaz Pereira.. 13

Capítulo 2
Alfabetização e letramento digital
Carla Viana Coscarelli.. 25

Capítulo 3
Letramento e novas tecnologias: questões para a prática pedagógica
Cecília Goulart... 41

Capítulo 4
Alfabetização digital: problematização do conceito e possíveis relações com a pedagogia e com aprendizagem inicial do sistema de escrita
Isabel Cristina A. da Silva Frade... 59

Capítulo 5
Educação e novas tecnologias: um olhar para além da técnica
Otacílio José Ribeiro... 85

Capítulo 6
A angústia da interface
Antônio Zumpano... 99

Capítulo 7
Contribuições das teorias pedagógicas de aprendizagem na transição do presencial para o virtual
Renato Rocha Souza.. 105

Capítulo 8
Ler na tela – letramento e novos suportes de leitura e escrita
Ana Elisa Ribeiro... 125

Capítulo 9
Chat*: E agor@? Novas regras – nova escrita*
Else Martins dos Santos... 151

Capítulo 10
A coerência no hipertexto
Luiz Antônio Marcuschi.. 185

Capítulo 11
Ensino/aprendizagem da escrita e tecnologia digital:o e-mail *como objeto de estudo e de trabalho em sala de aula*
Juliana Alves Assis... 209

Os autores... 241

Apresentação

"Creio que há um mercado mundial para uns cinco computadores". Foi com essa frase que o presidente da IBM, Thomas, J. Watson, em 1943, perdeu seu cargo de profeta bem-sucedido para os garotos do Vale do Silício (Bill Gates e Cia.), que se tornariam donos da Microsoft. Também Ken Olsen, presidente da Digital Corporation, em 1977, avaliou mal a forma como se daria a difusão das máquinas: "Não há razão para qualquer indivíduo ter um computador em casa". Hoje, sabe-se que não foi bem assim que as coisas aconteceram. Em apenas vinte anos, os microcomputadores cresceram em espaço de memória e em velocidade de processamento, mas diminuíram muito de tamanho, o que permitiu seu uso portátil e doméstico. As máquinas, que também ganharam o mercado de genéricos, passaram a ser empregadas na administração de escolas e empresas, em seguida, ganharam as casas das pessoas (passando ao *status* de eletrodoméstico) e chegaram às salas de aula, inclusive fundando as salas de aula virtuais, em uma espécie de evolução do ensino à distância, antes feito por cartas, só que muito mais ágil e eficiente.

Na década de 1990, determinadas faixas da população começaram a empregar a máquina em seu dia a dia, no trabalho e nas tarefas de casa, se apropriando das possibilidades quase infinitas do mundo digital. Fazendo uma busca rápida na memória, qualquer pessoa é capaz de lembrar há quanto tempo e em que circunstâncias viu pela primeira vez um microcomputador. A maneira como essa máquina ganhou as empresas, os caixas de banco, do supermercado e da padaria, assim como nossas casas, foi algo de surpreendente. No entanto, se esse nos parece um aparato datado e recente, as gerações vindouras terão a sensação de que as máquinas sempre estiveram aí. (Você já imaginou seu dia a dia sem uma caneta esferográfica? Pois é. Mas as pessoas que nasceram na década de 1920 só conheceram um 'bolígrafo' na década de 50, provavelmente).

Também a Internet, seja com conexão discada ou em banda larga, deixou de ser luxo ou acessível apenas a grandes corporações e passou a ser também de uso dentro das casas das pessoas. Com a finalidade de estudar, pesquisar, comunicar, ter momentos de lazer ou de fazer um curso virtual, a Internet tornou-se uma nova ferramenta.

E as escolas não devem, não podem e não querem ficar de fora desse novo mundo de possibilidades. A compra de máquinas e a montagem de laboratórios de informática foram os meios que as instituições de ensino encontraram de abrir esse caminho aos alunos, especialmente aos que não possuíam computadores em casa. No entanto, ter os microcomputadores não era suficiente, era necessário ter pessoas para operá-los e para desenvolver projetos pedagógicos adequados à escola. Iniciou-se, então, uma nova empreitada: a de atualizar os educadores para que pudessem formular novos modos de dar aulas, de inserir os alunos e as disciplinas na Sociedade da Informação.

Para atualizar os docentes é preciso repensar a sala de aula, refletir sobre os ambientes de ensino/aprendizagem, reconfigurar conceitos e práticas. Assim, com a emergência das novas tecnologias, emergiram formas de interação e até mesmo novos gêneros e formatos textuais. E então a escola foi atingida pela necessidade de incluir, ampliar, rever.

Se uma parcela dos novos alunos tem acesso à informação antes e fora da escola, apresentando tendência a sentirem-se desestimulados em sala de aula, uma outra parcela não teve sequer acesso à máquina e não sabe operar essa nova possibilidade. Estes alunos 'excluídos digitais', no entanto, têm notícia da existência da Internet e dos microcomputadores e desejam (e precisam mais que aqueles) conhecer novas modalidades de estudo, comunicação, lazer e cultura.

A escola, ao repensar o ensino e a possibilidade de empregar esta nova tecnologia nas salas de aula ou como sala de aula, de forma cuidadosamente tecida, empresta conceitos da sociedade do impresso e repensa os impactos da escrita em meio digital. Os computadores oferecem diversidade de tratamento da imagem e do texto na forma de programas concebidos para escrever ou diagramar. Já a Internet constitui-se como novo ambiente de leitura e escrita, de pesquisa e publicação de textos.

A cultura escrita (necessariamente impressa) estabilizou gêneros como a carta, o conto, o bilhete, o anúncio classificado, a notícia de jornal, o editorial ou o artigo científico; a cultura escrita digital (mais do que digitalizada) reconfigurou certos gêneros e originou outros tantos, conhecidos hoje como o e-mail, a conversa de chat, os gêneros postados em blogs e os textos produzidos para webjornais.

O nome do livro que ora oferecemos ao leitor tem muito a ver com tudo isso. Se o letramento vem sendo discutido nas e pelas escolas, assim como as possibilidades de uso de laboratórios de informática, pensa-se na inclusão dos sujeitos também em relação às possibilidades que computadores e Internet oferecem. Letramento digital é o nome que damos, então, à ampliação do leque de possibilidades de contato com a escrita também em ambiente digital (tanto para ler quanto para escrever).

Organizar esta obra significou, além de imenso prazer, o contato pessoal e virtual com pesquisadores preocupados em estudar as novas possibilidades da Rede e das máquinas, mas também preocupados com a execução de novos planos de trabalho nas escolas. Mas sem forçar as habilidades do aluno que ainda não havia tido contato com computadores e nem adotando uma postura receosa e excludente, com nuances de 'coitadismo', com relação a meninos e meninas a quem ainda não foram apresentados os modos de trabalhar em conexão e de forma não presencial.

Nosso sumário, dá ideia do que o leitor e a leitora, professores e/ou interessados no assunto, poderão encontrar neste livro, além de serem os ícones das possibilidades de caminho e acesso ao texto que mais interessar, numa demonstração clara de hipertexto impresso.

A quem se interessar por uma reflexão sobre "Educação e Sociedade da Informação", é só entrar pela senda aberta por João Thomaz Pereira, que também apresenta as possibilidades presentes e futuras da "convergência digital". De maneira fácil e superinclusiva, Carla Coscarelli bate um papo esclarecedor sobre alfabetização e letramento digital, seguida por Cecília Goulart, que trata de questões para a prática pedagógica, com *Letramento e novas tecnologias*. Isabel Frade, entrando de vez no ambiente informático, discute a alfabetização digital, problematizando esse conceito e pensando suas relações com a pedagogia e com a aprendizagem inicial do sistema de escrita. Para finalizar uma parte deste livro em que as discussões têm caráter mais amplo, Otacílio Ribeiro provoca o leitor e a leitora com reflexões sobre educação e novas tecnologias.

A angústia da interface é o texto de Antônio Zumpano, que aborda a relação do usuário com as interfaces digitais presentes em nosso dia a dia. Renato Souza Rocha oferece subsídios para que se repensem as teorias pedagógicas de aprendizagem na transição do presencial para o virtual, inserindo o/a leitor/leitora nas possibilidades da sala de aula digital. Para mergulhar nas práticas de leitura tradicionais e nas características da leitura em meio digital, Ana Elisa Ribeiro oferece *Ler na tela – letramento e novos suportes de leitura e escrita*. Else Martins apresenta uma reflexão sobre a escrita nos *chats*. E, dando limites ao livro, mas não às possibilidades que esta obra abre ao leitor/à leitora, Luiz Antônio Marcuschi analisa a coerência no hipertexto e Juliana Alves Assis relaciona ensino/aprendizagem da escrita e tecnologia digital, apresentando o e-mail como objeto de estudo e de trabalho em sala de aula.

Esperamos, verdadeiramente, que esta seja uma obra acessada com prazer e liberdade; que seja um hipertexto conectado a muitos outros percursos de leitura, remissivos e avançados; e, mais importante, que seja uma janela (real ou virtual) aberta pelo/a leitor/leitora onde se escorem alegremente os cotovelos para um gostoso bate-papo.

As coordenadoras

Capítulo I

EDUCAÇÃO E SOCIEDADE DA INFORMAÇÃO

João Thomaz Pereira

Formar cidadãos preparados para o mundo contemporâneo é um grande desafio para quem dimensiona e promove a educação. Em plena Era do Conhecimento, na qual *inclusão digital* e *Sociedade da Informação* são termos cada vez mais frequentes, o ensino não poderia se esquivar dos avanços tecnológicos que se impõem ao nosso cotidiano.

Para Adizes (2002), é preciso entender que toda organização (a escola é uma organização), como qualquer organismo vivo, tem um ciclo de vida e se submete a padrões muito previsíveis e repetitivos de comportamento enquanto evolui e se desenvolve. Para cada estágio do desenvolvimento a organização se confronta com novos desafios, de acordo com o ambiente no qual está inserida. Quão bem ou mal a organização administra e enfrenta cada desafio reflete diretamente em sua evolução e no sucesso de seus objetivos. Conduzir uma organização com as transições do ciclo de vida não é fácil ou óbvio. Os mesmos métodos que produziram sucesso no estágio passado podem não ter serventia alguma no estágio atual ou no futuro.

No contexto atual, o grande desafio das escolas, dos educadores e da sociedade civil é a exclusão digital ou o analfabetismo digital. Se as pessoas que estão à frente desse processo não compreendem o que é necessário e o que não é necessário fazer, podem inibir o desenvolvimento de nossas instituições de ensino ou mergulhá-las no envelhecimento prematuro. Não precisamos ir muito longe para saber o que acontece, basta refletirmos sobre a situação atual de nossas escolas públicas.

Os desafios que cada instituição de ensino, educadores e alunos devem superar manifestam-se como problemas inerentes à sua própria evolução e mudanças no ambiente externo, na tecnologia e no ambiente político. Isso conduz às seguintes reflexões sobre a natureza dos problemas que iremos enfrentar participando da Sociedade da Informação na Era do Conhecimento:

• Problemas são normais e desejáveis, são o resultado natural da mudança. O único lugar no ciclo de vida em que não há nenhum problema é o lugar em que não há nenhuma mudança, que é a morte.

• O papel daqueles que conduzem o ensino não é impedir problemas ou retardar o ritmo das mudanças. Em vez disso, deve-se focalizar e acelerar suas habilidades e competências para reconhecer e resolver problemas.

• A maioria dos problemas que as instituições de ensino na Sociedade da Informação irão enfrentar é comum a todas as instituições, não somente no Brasil, mas em todo o mundo. Para aqueles que ainda não se alertaram, a Sociedade da Informação nos conduz, irreversivelmente, à globalização. Isso não serve de consolo, mas a exclusão digital não é um problema exclusivo dos países do terceiro mundo, é um problema global. Em todas as partes do mundo esse problema é discutido por educadores, sociedade civil e governos. Pode-se economizar muito tempo e esforço compreendendo quais são as boas práticas adotadas ao redor do mundo.

Uma diferença-chave entre o ciclo de vida para o ser humano em comparação a uma instituição ou organização é que as coisas vivas, inevitavelmente, morrem, quando as instituições ou organizações não necessariamente estão fadadas ao mesmo fim.

A idade de uma instituição, em termos de seu ciclo de vida, não está relacionada a sua idade cronológica, ao número de funcionários ou ao tamanho de seus recursos. A idade do ciclo de vida é definida pelo inter-relacionamento entre a flexibilidade e a direção. Portanto, a perenidade se consegue com o equilíbrio entre direção e flexibilidade. Os organismos relacionados à educação na Sociedade da Informação, estou me referindo aos educadores, instituições de ensino e professores, gozarão de grande longevidade se tiverem uma direção segura para saberem o que estão fazendo, para onde estão indo e o que farão quando chegarem lá. Além de muita flexibilidade para romper com métodos e metodologias do passado, inovando suas estratégias por meios das tecnologias disponíveis na Era do Conhecimento.

Inclusão digital

Letrar é mais que alfabetizar, é ensinar a ler e escrever dentro de um contexto no qual a escrita e a leitura tenham sentido e façam parte da vida das pessoas (SOARES, 2003). O termo *alfabetização*, sempre entendido como uma forma restrita de aprendizagem do sistema da escrita, foi ampliado. Já não basta aprender a ler e escrever, é necessário mais que isso para ir além da alfabetização. No caso do letramento digital não é diferente. É preciso ir muito além do aprender a digitar em um computador. Quando pessoas em situação de exclusão social passam a ter acesso ao computador e a seus recursos, pode-se falar em popularização ou mesmo em democratização da informática, mas não necessariamente em inclusão digital.

Para alguns estudiosos, a inclusão é um processo em que uma pessoa ou grupo de pessoas passa a participar dos usos e costumes de outro grupo, passando a ter os mesmos direitos e os mesmos deveres dos já participantes daquele grupo em que está se incluindo.

Dentro desse contexto, poderíamos descrever vários tipos de inclusão, por exemplo, a inclusão social, que diz respeito àquelas pessoas que, de algum modo, foram ou estão marginalizadas pela sociedade. Mas estamos falando de inclusão digital, e a palavra *digital* nos leva à associação imediata ao computador.

Essa associação é racional e verdadeira porque os computadores, em sua essência, trabalham as informações em forma de dígitos (números). Por isso a palavra *digital* está quase sempre associada a computador e significa, num sentido mais vasto, um modo de processar, transferir ou guardar informações.

Os números são utilizados para representar muitas coisas, por exemplo, quantidades (3 [três] laranjas, 2 [dois] carros, etc.). Porém, quando nos referimos a computadores, os números são utilizados para representar todo e qualquer tipo de informação. Por exemplo, uma mensagem escrita, uma fotografia, uma imagem, um vídeo, uma música, etc. Isso tudo é informação, que nos computadores é representada digitalmente, ou seja, a palavra *digital*, quando referenciada a computação, tem sentido muito ampliado.

Vamos fazer uma pequena reflexão: o modelo digital de processamento, transferência ou armazenamento de informações difere do modelo tradicional basicamente por: tempo, espaço e custo. Vamos imaginar o tempo que levaria uma pessoa para escrever um texto, a caneta, sobre Sociedade da Informação, com dez páginas, para enviá-lo ao colegiado e no tempo que um bom digitador levaria para escrevê-lo em um microcomputador. Seguramente, o tempo que o digitador gastaria seria menor.

Imagine que existam cem textos diferentes, com a mesma quantidade de páginas, no espaço que eles ocupariam, o tempo para escrevê-los, postá-los, etc. Compare com o espaço para armazenar esse mesmo conteúdo em um CD. Pense também nos custos envolvidos com tinta, papel, trabalho, número de pessoas, espaço físico e nos custos para se gravar um CD.

Facilmente, concluímos que o modelo digital de processar, transferir ou armazenar informações é mais rápido e consome muito menos espaço; com isso o custo cai. Isso é muito bom, pode-se investir mais em educação. Sei também que isso depende de vontade política, mas esse é um outro assunto.

Voltando ao nosso ponto de partida, temos que a inclusão digital é um processo em que uma pessoa ou grupo de pessoas passa a participar dos métodos de processamento, transferência e armazenamento de informações que já são do uso e do costume de outro grupo, passando a ter os mesmos direitos e os mesmos deveres dos já participantes daquele grupo onde está se incluindo.

Para isso, precisamos dominar a tecnologia da informação, estou me referindo a computadores, *softwares*, Internet, correio eletrônico, serviços, etc., que vão muito além de aprender a digitar, conhecer o significado de cada tecla do teclado ou usar um mouse. Precisamos dominar a tecnologia para que, além de buscarmos a informação, sejamos capazes de extrair conhecimento.

No Brasil, de maneira geral, principalmente no que se refere ao ensino público de base, podemos dizer que instituições, educadores, professores e alunos são digitalmente excluídos. Porém, esse não é um problema apenas do Brasil. O mundo inteiro está se movendo no sentido de eliminar a exclusão digital da sociedade organizada. É claro que o problema tende a ser mais grave em países do terceiro mundo, cujas economias e diferenças sociais são mais extremas do que nos chamados países de primeiro mundo.

As comunidades rurais em todo o país notoriamente possuem sérias limitações de acesso à informação. A maioria não dispõe de jornais e revistas, bibliotecas, e muitas famílias não possuem televisão. Nesse sentido, o computador passa a ser artigo de luxo, quase inexistente. Porém, trabalhos como os realizados em Serrinha, Biritinga e Teofilândia são exemplos de como a informação pode ser levada às comunidades com o intuito de promover e melhorar as oportunidades educacionais, socioculturais, econômicas e profissionais da população. (http://www.winrock. org/GENERAL/Publications/Historiadeserrinha.pdf.)

O problema central que uma Sociedade da Informação deve vencer, em primeira instância, é o da exclusão digital, discutido globalmente pela primeira vez em meados da década de 1980. A exclusão digital é uma exclusão de segunda ordem que soma-se a e agrava a exclusão econômica e social.

Convergência digital

A Sociedade da Informação também está fortemente associada a uma outra expressão amplamente difundida, a *convergência digital*. O que é essa tal de convergência digital?

Como havia mencionado anteriormente, a palavra *digital* quando referenciada no mundo computacional, tem sentido amplo, que quer dizer a representação de qualquer tipo de informação, seja ela, escrita, falada ou visual. Sendo assim, podemos dizer que a convergência digital refere-se:

- à habilidade de diferentes plataformas de redes de computadores para transportar essencialmente tipos similares de serviços;
- à chegada integrada de dispositivos microprocessados dos consumidores, tais como: telefone, televisão, câmeras fotográficas e computadores pessoais;
- à digitalização, fornecendo a rota para unificar meio e mídia.

A flexibilidade da informação digital está criando meios para o enriquecimento de serviços convencionais (televisão digital, rádio e melhor qualidade nas comunicações móveis), assim como um grande espectro de novos serviços e aplicações. Ou seja, todos os nossos equipamentos microprocessados poderão estar integrados em uma grande rede digital convergida. O que isso significa? Significa que o meu computador vai se comunicar com meu DVD ou que poderei enviar uma foto por meio do meu telefone celular. O aspecto mais importante da convergência digital é que ela possibilita o acesso a informação em qualquer lugar, a qualquer momento.

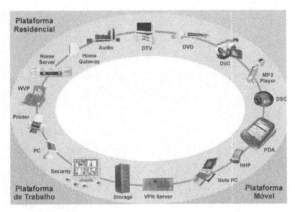

Figura 1: Convergência digital – Representação de uma rede digital convergida, em que todos os equipamentos microprocessados se comunicam. A digitalização da informação permite que esse cenário se estabeleça.

O que a convergência digital oferece? O acesso a informações importantes: dados dos alunos, dos professores, notas, relatórios, textos, bibliotecas, publicações, etc. A escolha do meu ambiente de trabalho, no jardim, em casa, no shopping, na fazenda, etc.

Qual a relação entre a convergência digital e a educação? Na realidade, a convergência digital vai mudar todas as práticas em todos os setores da sociedade civil organizada. Na verdade, ela já está ocorrendo e está mudando tudo. Nós é que não nos atentamos para o que está acontecendo a nossa volta porque estamos mergulhados neste contexto ao qual muitos se referem como a *Revolução da Informação*. As coisas estão se modificando e não conseguimos perceber a transformação porque fazemos parte dela.

As agências bancárias, hoje, são muito diferentes de há alguns anos. O número de caixas diminuiu, o número de gerentes aumentou, porém a modificação mais profunda foi a virtualização. Hoje, facilmente, pagam-se boletos bancários pela Internet ou toma-se dinheiro emprestado ou, ainda, transfere-se dinheiro de uma conta para outra. Hoje, todos os que têm conta bancária, seguramente, têm cartão bancário, que é o método de *inclusão digital* oferecido pelos bancos aos seus usuários.

Com o universo que envolve a educação, instituições, professores, educadores e alunos, todos estarão sujeitos a mudanças oriundas da convergência digital. Da mesma forma que está acontecendo com os bancos, a virtualização fará parte do mundo educacional. Não consigo imaginar a educação na Sociedade da Informação com problemas de vagas para alunos da rede pública porque os espaços físicos não comportam a demanda. As escolas virtuais serão uma realidade, por uma questão de tempo, espaço, abrangência e custo.

Isso já está acontecendo. Escolas que oferecem ensino a distância não são nenhuma novidade. Se refletirmos um pouco mais sobre essa situação, veremos que a escola conseguiu oferecer seus serviços para uma comunidade distante, na qual ela não tinha presença física. Nesse caso, tudo se torna virtual: o professor, o educador, a administração, o "giz", o quadro, o caderno, o lápis, a caneta, o diário de classe.

Temos que ter em mente que o processo de virtualização é a essência da Sociedade da Informação, porque a representação da informação não é física, nem abstrata, mas, seguramente, ela é *digital*.

Educação na Sociedade da Informação

O impacto da tecnologia da informação e comunicação está provocando mudanças graduais, porém, muitas vezes, radicais no trabalho, na educação e, de um modo mais geral, em nosso estilo de vida. A sociedade tem que utilizar, da melhor maneira, as tecnologias disponíveis. Esse novo ambiente tecnológico tem importância fundamental para a educação e para a formação, embora as escolas não estejam suficientemente equipadas de computadores e ligadas à Internet. O pessoal docente, em especial educadores e professores, precisa melhorar sua qualificação em termos de tecnologia. Numa economia global, cada vez mais baseada no conhecimento, a exclusão digital põe em risco o futuro do país.

A Comunidade Europeia definiu a expressão *eLearning* (aprendizado eletrônico) como sendo "a utilização da tecnologia da informação e comunicação inclusive a Internet para o ensino e aprendizagem", para fomentar o desenvolvimento e a aquisição de conhecimento digital, melhorar as capacidades pessoais de utilizar as novas tecnologias no estudo e no trabalho, adaptar os sistemas de educação e formação de modo a responder aos desafios da Sociedade da Informação.

O Brasil lançou, recentemente, o seu Livro Verde (TAKAHASHI, 2000) contendo esse ideário programático e o elenco de metas e objetivos de sua Sociedade da Informação. Esperamos que o livro seja referência e que os dados, análises e intenções gerem os avanços esperados e considerados indispensáveis para o país não ficar de fora da comunidade virtual e excluído digitalmente.

Embora o Brasil esteja entre os 12 países mais bem-posicionados em relação à inclusão digital, apenas 5% da população utilizam os serviços de rede, havendo ainda grande déficit de meios físicos para acesso à Internet, pouco conteúdo em português (85% deles são em inglês), número muito pequeno de telecentros para uso público da Internet e metas muito tímidas conquistadas pelos projetos governamentais de informatização das escolas públicas (somente 3% das 165 mil escolas de ensino fundamental estão conectadas à Internet) (VOGT, 2001).

Antecipando algumas metas do projeto Sociedade da Informação no Brasil, a Lei de Diretrizes e Bases da Educação

Nacional (LDB), em vigor desde de 1996, já previa a necessidade da "alfabetização digital" em todos os níveis de ensino, do fundamental ao superior. No entanto, o censo escolar do Ministério da Educação (MEC), realizado em 1999, revelou que apenas 3,5% das escolas de ensino básico tinham acesso à Internet, e cerca de 64 mil escolas do país não tinham sequer energia elétrica.

Há vários programas implantados e em desenvolvimento para o uso das tecnologias da informação e comunicação em Educação a Distância, uns mais outros menos bem-sucedidos, mas todos, no geral, aquém do desempenho de público e de resultados desejado.

O TV Escola é o programa mais abrangente de Ensino a Distância no país, voltado para a capacitação de professores. Lançado pelo MEC em 1996, o canal de televisão exclusivo para o aperfeiçoamento de professores da rede pública de ensino fundamental e médio produziu, em 1999, cerca de 38,95% de sua programação, sendo o restante composto de programas educacionais estrangeiros. Desde a sua criação, 56.760 escolas da rede pública com mais de 100 alunos receberam televisores, videocassetes, antenas parabólicas e fitas de vídeo.

Porém, um estudo realizado pelo MEC mostrou que apenas 60% das escolas beneficiadas pelo TV Escola gravavam regularmente os programas. Além disso, a tecnologia de transmissão e recepção dos programas já estava obsoleta.

Por que esses programas não estão dando certo ou têm resultado abaixo do esperado? A resposta para essa pergunta não é simples e seria fácil culpar a morosidade do governo ou a dimensão geográfica e as diferenças sociais do país, mas isso é muito genérico e, dessa forma, não iremos a lugar algum. A Comunidade Europeia definiu os seguintes objetivos para pensar o futuro da educação na Sociedade da Informação:

- Generalizar e melhorar o acesso a equipamentos, programas de informática, redes de informação e comunicação;

- Proporcionar e simplificar o acesso a uma formação de qualidade para todos;
- Desenvolver a cooperação entre professores, educadores e gestores empenhados na criação de uma "área educativa nacional";
- Recolher e divulgar informações sobre as melhores práticas em matéria de utilização das tecnologias da informação e da comunicação na aprendizagem;
- Promover a inovação dos conhecimentos práticos e a experiência.

Esses são apenas alguns dos desafios que a educação, como elemento-chave na construção de uma sociedade baseada na informação, no conhecimento e no aprendizado, terá que superar.

Referências

ADIZES, I. Lifecycle of Organizations, Adizes Institute, LLC – 2002. <www.adizes.com/the_institute.html>

CAVALCANTI, M.; GOMES, E.; PEREIRA A. *Gestão de Empresas na Sociedade do Conhecimento*. Rio de Janeiro: Campus, 2002.

DRUCKER, P. *Inovação e Espírito Empreendedor*. São Paulo: Pioneira, 1987.

FRANCINI, W. S. A Gestão do Conhecimento: Conectando Estratégia e Valor para a Empresa. <www.rae.com.br>

GONÇALVES, M. *The Knowledge Tornado*. Ireland: Blackhall Publishing, 2002.

MARQUES, M.; NERO, S. L. Capital Humano e TI Gerando Vantagem Competitiva, www.rae.com.br .

MELO, L. E. V. *Gestão do Conhecimento* – Conceitos e Aplicações. São Paulo: Érica Ltda., 2003.

PLONSKI, G. A., Questões Tecnológicas na Sociedade do (Des)Conhecimento, La Sociedad de la Información, OEI -2001. <www.campus-oei.org/revistactsi/numero1/index.html>

SOARES, M. B. O que é letramento, Diário na Escola, *Diário Grande ABC*, Santo André, 2003.

TAKAHASHI, T. *Sociedade da Informação no Brasil Livro Verde*, Ministério da Ciência e Tecnologia, 2000.

eEurope: Uma Sociedade da Informação para Todos, Comissão Européia, Bélgica, 2002.

eLearning: Pensar o Futuro da Educação – Aprender e Inovar com Tecnologia Multimedia, Comissão Européia, Bélgica, 2002.

VOGT, C. Sociedade da Informação – Inclusão e Exclusão, SBPC, 2001. <www.comciencia.br/reportagens/socinfo/info01.htm>.

Capítulo 2

ALFABETIZAÇÃO E LETRAMENTO DIGITAL

Carla Viana Coscarelli

Logon[1]

O objetivo principal desse texto é mostrar aos educadores que a informática pode ser de grande valia para a escola. Não estamos querendo fazer apologia à informática nem mostrar que ela é a solução

> "o computador tem sido um bom companheiro. E é sempre mais leve e descompromissado trabalhar com ele. Desenhar e diagramar no computador é mais ou menos como usar um processador de texto. A possibilidade do *cut and paste* nos deixa sempre menos ansiosos e mais dispostos a ir levando o nosso pensamento ao deus-dará."
> (Lago, 1997)

para todos os problemas. Queremos, sim, mostrar em que aspectos ela pode ser útil à educação.

Um ponto de muita importância nessa conversa é a compreensão de que a informática não vai substituir ninguém. Ela não vai tomar o lugar do professor nem vai fazer mágica na educação. Veja bem: o computador é uma máquina muito bacana, mas não faz nada sozinho. É preciso que o professor conheça os recursos que ele oferece

---

[1] Senha ou outra informação que permita acesso a um computador ou programa; entrar na rede.

e crie formas interessantes de usá-las. Precisamos ter claro em nossa cabeça que melhor que um professor ensinar, é um aluno aprender.

O que estamos querendo dizer com isso? Bem, antes de usar o computador em suas aulas, o professor precisa saber que concepção de ensino-aprendizagem ele pretende adotar. Como assim? É isso mesmo, o computador pode ser usado como instrumento para muitas formas de ensinar. O fato de usar a informática nas aulas não transforma instantaneamente o ensino em alguma coisa "moderna" e "eficiente". Aqui podemos até fazer um parênteses para perguntar se realmente existe uma forma sempre mais eficiente que a outra, não é?

> "Será que ensinamos realmente alguma coisa a alguém? Como diz Guimarães Rosa em Grande sertão: veredas: "mestre não é quem sempre ensina, mas quem de repente aprende."

Podemos usar o computador para ajudar os alunos a decorarem listas e listas de tabuada, regras, datas, dados, etc. Podemos usar o computador para apresentar de forma bonita e animada um monte de conteúdos que os alunos têm de saber. Se a concepção de aprendizagem for conteudista e baseada na memorização, o computador atenderá muito bem. Programas de apresentação de slides (como o Power Point) podem transformar o computador em um lindo quadro que não é mais de giz

> É só para memorizar ou é para construir?

nem é negro, mas que vai funcionar em sala de aula da mesma forma que as tão conhecidas lousas, que servem de suporte para o professor apresentar todo o saber. E os alunos? Qual o papel deles nessa situação? Meros espectadores? Por outro lado, muitos professores que não têm computadores e projetores, e que contam com o quadro negro para darem suas aulas podem, com esse recurso, fazer das suas aulas um momento de interação entre alunos e professores, criando uma situação de construção coletiva do saber.

O que queremos mostrar é que o computador não vai, por si só, modificar a concepção de aprendizagem das escolas, uma vez que ele pode ser usado para lidar com diversas situações. E é aí que está uma das vantagens de se usar o computador em sala de aula. Cada momento da situação de aprendizagem requer uma estratégia diferente, e o computador pode ser útil em várias dessas ocasiões, bastando para isso que o professor planeje atividades, mais dirigidas ou menos, conforme o momento.

Outro ponto que precisa ficar claro é que usar a informática como recurso para auxiliar a aprendizagem não significa que os alunos vão ficar o tempo todo na tela do computador, ou nos laboratórios de informática. Em muitos projetos, grande parte das atividades podem ser feitas sem o uso do computador. A parte de planejamento, organização e delineamento dos projetos, análise de dados, discussão dos resultados, normalmente não carecem de computadores para sua realização. Em outros momentos, o computador é muito útil, como na busca de informações, na formatação dos dados, na apresentação dos resultados e do produto final.

Já sabemos que a informática precisa entrar na escola porque ela pode ser um recurso que pode ajudar a minimizar a exclusão de muitos sujeitos já excluídos em muitas outras situações. Muitos brasileiros não vão ao teatro, nem ao cinema, não frequentam bares e restaurantes, nunca visitaram uma galeria de arte nem sabem ao certo o que é uma ópera ou um concerto. É muito difícil uma escola conseguir preencher todas essas lacunas e dar a seus alunos acesso a esse universo cultural. Assim também como é difícil uma escola manter uma biblioteca atualizada com jornais diários e revistas semanais ou quinzenais. Jornais de outros estados e importados, então, nem se fala. Pois é aqui que a informática, mais especialmente a Internet, entra. Nessa rede, o que era impossível passa a ser alcançável. O que não era realidade dos alunos (e que muita gente acredita que não deva ser) passa a poder fazer parte do dia a dia deles.

Com a Internet os alunos podem ter acesso a muitos jornais, revistas, museus, galerias, parques, zoológicos, podem conhecer muitas cidades do mundo inteiro, podem entrar em contato com autores, visitar fábricas, ouvir músicas, ter acesso a livros, pesquisas, e mais um monte de outras coisas que não vou listar, por serem infinitas as possibilidades.

Podemos e devemos usar o computador como meio de comunicação, como fonte de informação, que ajudará os alunos a responder suas perguntas, a levantar novos questionamentos, a desenvolver projetos e a confeccionar diversos produtos.

Será que algum aluno brasileiro deve ser privado desse mundo de dados? Não estariam contribuindo para a exclusão aqueles professores que acreditam que informática não é realidade dos nossos alunos?

Percentual de alunos da 4ª série do ensino fundamental por estágio de construção de competências em Língua Portuguesa – Brasil – 2001

Estágio	*População*	*%*
Muito crítico	819.205	22,2
Crítico	1.356.237	36,8
Intermediário	1.334.838	36,2
Adequado	163.188	4,4
Avançado	15.768	0,4
Total	*3.689.237*	*100,0*

Fonte: MEC/Inep/Daeb. http://www.inep.gov.br/download/saeb/2003/boletim_4serie.pdf

E o que tem essa conversa toda a ver com alfabetização? De fato, até agora focalizamos mais no letramento, na inserção dos alunos nessa nova faceta do mundo letrado. Mas para fazer parte dela, o aluno precisa ser um bom navegador e um bom digitador.

Se antes era importante saber separar as palavras em sílabas, hoje, quem digita não precisa se preocupar em partir as palavras para alinhar o texto, pois o computador faz isso automaticamente. Se antes era preciso saber escrever com letra cursiva, de preferência legível e bonita, agora é preciso saber digitar, é preciso conhecer as fontes disponíveis no computador e como usá-las. Ainda não precisamos trocar o lápis e a caneta pelo teclado, mas devemos aceitar essa troca como algo previsto para um futuro próximo. Esperamos que isso não se dê apenas nas camadas privilegiadas da sociedade. Cabe, então, a nós professores, sobretudo das classes populares, criarmos formas de incluir nossos alunos nessa viagem, e para isso, devemos dar a eles os equipamentos necessários para serem bem sucedidos nessa empreitada. Digitar é apenas um item, mas é um grande passo. Será que os alunos das camadas populares vão continuar saindo da escola sem saber digitar, e muitas vezes sem saber ler e escrever, como sabemos que acontece frequentemente e como nos mostram os exames nacionais como SAEB e ENEM? Isso, diga-se de passagem, é um grande absurdo, pois filhos de classe média e alta não chegam na quarta série (e muito menos na oitava série) analfabetos, mas isso tem sido um fato corrente nas escolas públicas que atendem a uma população mais carente.

> Apenas 4,8% dos estudantes em Língua Portuguesa (incluindo 0,4% que se encontram no estágio avançado) demonstraram ter adquirido as competências desejáveis para as quatro séries iniciais do ensino fundamental, segundo as provas do Saeb, do ano de 2001.

É possível ver a constante diferença na evolução do desempenho médio dos estudantes em Língua Portuguesa por rede de ensino – particular e pública – no gráfico abaixo em que estão registradas as médias dos anos de 1995 a 2001.

Gráfico 1 – Média de desempenho em Língua Portuguesa na 4ª série do ensino fundamental por rede de ensino – Brasil – 1995/2001

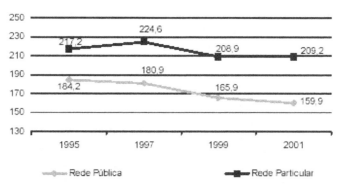

http://www.inep.gov.br/download/saeb/2003/boletim_4serie.pdf

O mesmo contraste pode ser observado na evolução do desempenho médio dos estudantes em Matemática por rede de ensino, apresentado no gráfico seguinte.

Gráfico 2 – Média de desempenho em Matemática na 4ª série do ensino fundamental por rede de ensino – Brasil – 1995/2001

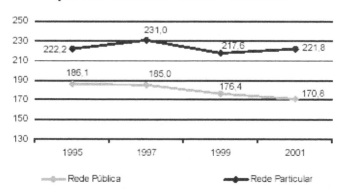

http://www.inep.gov.br/download/saeb/2003/boletim_4serie.pdf

Fechando o parênteses, perguntamos: estamos preparados para lidar com esse instrumental que se disponibiliza com o advento da informática? Sabemos digitar? Sabemos formatar textos? Sabemos lidar com planilhas? Sabemos criar apresentações? Sabemos navegar? Como então vamos ajudar nossos alunos a dominar essas ferramentas e entrar nesse mundo novo, se não o conhecemos?

Os professores precisam encarar esse desafio de se preparar para essa nova realidade, aprendendo a lidar com os recursos básicos e planejando formas de usá-los em suas salas de aula.

Aproveito para alfinetar a universidade e os centros de formação de professores: o que têm feito para preparar os professores para essa realidade?

Num momento em que se discute novamente se a melhor forma de alfabetizar é o método X ou Y e em que nessa questão parece estar a salvação da lavoura, vejo que a concepção de ensino-aprendizagem em que o aluno constrói seu saber, com a ajuda do professor (como defende Vygostky), num ambiente social de trocas e negociações, ainda não foi assimilada.

> "Sabemos que, uma vez dominados os recursos básicos da leitura e da escrita, ficamos o resto de nossas vidas aprendendo a ler e a escrever, a dominar cada vez mais os recursos da escrita e estratégias da leitura. Esses processos não se encerram na alfabetização. Uma vez dominados os recursos básicos da leitura e da escrita, não importa mais em que método fomos alfabetizados, mas que concepção de texto, de leitura, de escrita e de aprendizagem a escola está nos ajudando a desenvolver".
> (COSCARELLI, 2003)

Se continuarmos procurando um "culpado" – alguns jogam a culpa do fracasso escolar no método de alfabetização, outros culpam os centros de formação de professores, outros culpam os alunos, outros culpam o governo e assim por diante – não vai haver solução para a escola no Brasil. Acreditamos que já passou da hora de fazer a revolução na educação, mas como nunca é tarde, e como a informática tem muito a contribuir para que isso aconteça, talvez agora consigamos trazer a vida "real" para a sala de aula, atualizada nos computadores ligados à Internet. Mostrando para nossos alunos, desde os primeiros dias de aula, um universo que eles devem dominar e do qual eles precisam fazer parte. Não favorecendo esse acesso à informática e não a transformando em aliada para a educação, sobretudo das camadas populares, a escola estará contribuindo para mais uma forma de exclusão de seus alunos, lembrando que isso vai excluí-los de muitas outras instâncias da sociedade contemporânea e que exige dos seus cidadãos uma grau de letramento cada vez maior.

A fim de tornar nossos alunos usuários familiarizados com os recursos disponíveis nos computadores, eles precisam usar a informática e não, ter aula de informática. Em muitas escolas a informática passou a ser mais uma matéria que em nada se relaciona com as demais ou contribui para as atividades realizadas nelas. Vocês podem se assustar com o que vou dizer agora, mas acredito que informática (assim como a língua portuguesa, mas nem vou entrar nesse assunto para vocês não me condenarem à forca) deveria ser um recurso auxiliar da aprendizagem, um elemento que deveria integrar e reunir as diversas áreas do conhecimento, em um determinado projeto.

> A escola precisa encarar seu papel, não mais apenas de transmissora de saber, mas de ambiente de construção do conhecimento. Os alunos precisam saber aprender, saber onde encontrar as informações de que precisam e ter autonomia para lidar com essas informações, avaliando, questionando e aplicando aquelas que julgarem úteis e pertinentes. Para isso é preciso que a escola abra mão de um conteúdo ou uma "matéria" rigidamente predeterminada, e seja capaz de administrar a flexibilidade exigida daqueles que querem adotar uma postura de construção de conhecimento. Assim, conseguiremos partir do que os alunos já sabem (e não do que já deveriam saber ou do que a escola acredita de antemão que eles não saibam) e ajudá-los a conquistar novos espaços.

Imaginem, por exemplo, a montagem de uma peça de teatro. Os alunos podem ir à Internet para saber mais sobre o autor daquela peça, a cidade ou país onde de nasceu e viveu, a época em que ele viveu e em que se passa a história, a história do teatro, as peças que estão em cartaz na cidade e nas capitais, o preço dos ingressos, a duração das temporadas e o número de apresentações em cada uma, os cartazes e outras formas de divulgação dos espetáculos, e informações relacionadas à temática da peça escolhida.

> Se pensarmos por exemplo em "O rapto das cebolinhas", clássico de Maria Clara Machado, podemos encontrar muitas informações, que levam a outras, que puxam mais outras, que despertam outras mais, ad infinitum. Vejam só:
> Maria Clara: http://www.canalkids.com.br/arte/galeria/maria-clara.htm
> História do Teatro: http://www.canalkids.com.br/arte/teatro/historia.htm
> Teatro Grego: http://www.canalkids.com.br/arte/teatro/dioniso.htm
> Grécia: http://www.canalkids.com.br/viagem/mundo/partenon.htm
> Curiosidades sobre teatro: http://www.canalkids.com.br/arte/teatro/vocesabia/index.htm
> http://www.canalkids.com.br/arte/teatro/vocesabia/vcsabia_02.htm (Agatha Christie)
> Londres: http://www.canalkids.com.br/viagem/mundo/bigben.htm
> Alimentação: http://www.canalkids.com.br/alimentacao/index.php3
> Obs.:Escolhemos o site Canal Kids apenas como exemplo.

Outro recurso muito utilizado como meio de comunicação entre os usuários da Internet e que desperta muito o interesse dos alunos é o famoso ***e-mail***. Enviar e-mails para os colegas, por exemplo, é uma atividade prazerosa e que contri-

> :-) marca que quem escreveu está alegre
> :-(marca tristeza
> ***vc*** abreviação de você
> ***TE ADORO!*** o uso de maiúsculas indica que o escritor está gritando

bui para o letramento digital dos alunos. Uma conta num webmail gratuito pode ser aberta para cada aluno. Essa já é, em si, uma atividade interessante, pois os alunos precisam preencher formulários, criar senhas, ler e ponderar sobre os termos de um contrato (termos de serviço e políticas de privacidade). Aos alunos precisam também aprender a usar recursos básicos das caixas de mensagens como enviar um e-mail, abrir as mensagens recebidas, deletá-las depois de lidas, enviar uma respostas, enviar uma mensagem recebida para outras pessoas, controlar o espaço disponível na sua caixa. A estrutura do texto e-mail, assim como formas de fazer a abertura e o fechamento desse gênero textual e as variações de registro usadas nele, bem como, abreviações, emoticons, etiquetas da Net devem ser discutidos e aprendidos pelos alunos.

Enviar e receber cartões eletrônicos também é uma boa pedida, os alunos adoram, se divertem e aprendem muito com essa brincadeira séria.

Precisamos lembrar que as crianças precisam desenvolver o controle do mouse e, para isso, sites que não tenham "conteúdo didático" podem ser usados para ajudar os usuários iniciantes a dominar o ratinho. Para as meninas, o site da Barbie é sedutor (http://br.barbie.com). Os meninos, bem como as meninas, se divertem em sites como o Cartoon Network (http://www.cartoonnetwork.com.br). E além de exercitarem o domínio do mouse, aprendem a noção de link e os recursos que sinalizam esse mecanismo, como a transformação do cursor em uma mãozinha ou outro ícone, o escrito azul sublinhado ou apenas uma palavra sublinhada. Aprendem também os ícones que marcam que a página está sendo carregada e que, portanto, o usuário dever esperar um pouco, como, por exemplo, a ampulheta, barras que vão sendo preenchidas com uma color, entre outros sinais. As crianças se familiarizarão também com ícones básicos,

🗋	Abrir um novo documento
📂	Abrir um documento já existente
💾	Salvar
🖨	Imprimir
🔍	Visualizar a impressão
_ 🗗 x	Minimizar o arquivo, maximizar o arquivo e fechar o arquivo, respectivamente.
✂ 📋 📋	Cortar (control X), copiar (control C), colar (control V)
←	Voltar para a página anterior
→	Ir para a página anterior

reconhecendo-os e sabendo usá-los, em vários programas. Entre eles podemos citar os seguintes:

Muito útil também é a tecla F7 (revisor ortográfico), que já foi alvo de críticas dos mais conservadores. Ao invés de defender que a tecla F7 é um recurso que vicia o usuário, que aliena,

> "Por que não deixar a ortografia por conta do corretor ortográfico? Quanto menos tivermos de nos preocupar com isso no momento da criação, melhor, pois sobrará tempo e recursos cognitivos para as atividades de planejamento e organização das idéias no texto; para escolher melhor os recursos lingüísticos a serem usados e as estratégias textuais que melhor seduzirão o leitor". (COSCARELLI e SANTOS, 2001)

que torna os escritores descuidados e negligentes, classificando o computador como o vilão da vez, devemos ponderar as vantagens de se usar o revisor ortográfico. Esse é um dispositivo que pode ajudar os alunos a criar o hábito de, na dúvida, consultar a grafia correta das palavras num dicionário, seja ele eletrônico ou não, aprendendo com ele sobre ortografia padrão.

Além do corretor ortográfico, podemos contar também com o dicionário eletrônico. Que, por sua vez, pode ajudar os alunos a criar o hábito de consultar dicionários

> "o dicionário e o corretor ortográfico têm funções diferentes. O dicionário (que pode ser eletrônico para economizar tempo na busca dos verbetes) serve para descobrir o significado de palavras desconhecidas, entre outros usos. Já o corretor serve para nos ajudar a escrever conforme a ortografia padrão exige, o que economiza um tempo enorme e torna o produtor mais seguro de que há recursos que vão alertá-lo, caso algum desvio da norma culta – se for o desejo dele usar no texto esse padrão – seja cometido."
> (COSCARELLI e SANTOS, 2001)

para conhecer o significado de palavras, verificar as conjugações de verbos, buscar antônimos, sinônimos, variantes e até mesmo aprender um pouco de etimologia ou despertar sua curiosidade pela origem das palavras.

Sugestões de sites

Um site que não pode deixar de ser visitado é o da Ângela Lago (http://www.angela-lago.com.br/). Nele as crianças aprendem de tudo brincando: controle do mouse, digitação, letras, palavras, música, adivinhas, histórias e, sobretudo, se divertem muito.

O ABCD de Ângela, então, é imperdível. E nem precisamos falar da qualidade da ilustração e da animação desse site, não é?

No *Uai! cadê o i?*, as crianças brincam com os sons das letras à procura do *i*. No *Jogo do lixo*, as crianças têm um motivo muito especial para brincar com o nome de amigos, inimigos, e de gente chata. Tudo com muito bom humor. No *Academia*, adivinhas que brincam com letras e palavras são

http://www.angela-lago.com.br/ABCD.html

propostas para as crianças (e os adultos) botarem a cabeça para funcionar.

A cantilena do sapo é um divertimento musical em que as crianças devem ajudar o sapo desmemoriado a lembrar a letra da música que está cantando. Para isso, devem clicar nas palavras que o sapo esqueceu para ele continuar cantando.

Não poderíamos deixar de falar na *História para dormir mais cedo*. Em que texto e ilustrações fazem uma grande confusão que deve ser resolvida pelos usuários, fazendo com que os aprendizes entretenham-se relacionando palavras e imagens.

"Quem souber uma versão de tangolomango, ou tango-lo-mango, ou trango-mango, mande para mim, que eu coleciono!"
http://www.angela-lago.com.br/Tangol.html

Muitas outras brincadeiras preciosas são sugeridas por Ângela Lago que, em várias partes do site, convida as crianças a interagir com ela, enviando desenhos, e-mail, brincando no ciberespacinho, enviando tangolomangos e participando de concurso de histórias.

O site da Turma da Mônica também é uma boa pedida. Lá as crianças podem colorir, escolher as roupas que a Mônica vai usar (guarda roupa da Mônica), escrever e enviar cartões eletrônicos, ler quadrinhos, conhecer os Quadrões, ouvir música, fazer amigos, além disso podem brincar de quebra--cabeça, cruzadinhas, ligue os pontos, forca, jogo dos 7 erros,

http://www.monica.com.br/index.htm

jogo da memória, entre outras brincadeiras que divertem a meninada, ao mesmo tempo em que desenvolvem habilidades de leitura, escrita, matemáticas, musicais, estéticas, bem como a familiaridade com o computador.

Inúmeros outros sites interessantes e que podem contribuir para inserir os alunos no mundo da informática podem ser encontrados na Internet e em CD Roms. Esses são apenas alguns exemplos que já constatei serem do interesse das crianças. Muitos outros serão encontrados pelos alunos e pelos professores ao usar a informática como mais um recurso a ser explorado na e pela escola.

> Conheça alguns blogs:
> http://www.theblog.com.br/
> http://weblogger.terra.com.br/
> http://blogger.globo.com/index.jsp
> http://www.blogs.com.br/
> http://blig.ig.com.br/

Os alunos podem ser incentivados a usar os computadores para se organizarem, montando a agenda do dia, da semana, do mês ou semestre, organizando agendas de endereços, telefones, e-mails e sites favoritos (categorizados por assunto). Os blogs, diários eletrônicos, têm feito muito sucesso entre os estudantes e podem ser lidos e escritos por eles. Os blogs infantis ainda não são comuns, mas fazer o blog da turma pode ser divertido.

Tão bom quanto fazer um blog é montar e atualizar sempre um site da turma ou da escola.

> Site é um conjunto de páginas da Internet. Nesse site cada aluno teria seu espaço para se apresentar, falar de sua vida, seus hobbies, etc.; cada turma apresentaria suas descobertas, seus trabalhos, suas pesquisas, seus jornais, seus poemas, músicas, entre outras produções artísticas, exporia o calendário de eventos da escola, inclusive os eventos esportivos com direito a crônicas esportivas, tabelas, placares, prêmios, discussões, debates e tudo mais (COSCARELLI, 2003, p. 109).

Não é sedutor? Há muitos sites que nos ajudam a construir páginas. Entre eles podemos citar dois fáceis de usar que são o http://www.hpg.ig.com.br/ e o http://br.geocities.yahoo.com/.

Ideias para usar a informática como recurso de ensino-aprendizagem e formas de fazer isso é o que não falta. O que precisamos fazer é acreditar que a escola pode ser diferente, divertida, que ela não é o lugar das informações prontas, nem das verdades absolutas. Ela é o lugar de construir, questionar, pensar, enfim, colocar em prática a velha história de aprender a aprender.

Logoff[2]

Procuramos mostrar sucintamente que o computador pode ser um forte aliado da escola, uma vez que os recursos da informática são muito sedutores, além de imprescindíveis para a formação de um cidadão letrado. No entanto, para que ele realmente venha a representar uma mudança na vida escolar, é preciso que a educação seja compreendida como um processo de construção de um saber percebido como útil e aplicável pelos alunos e não como uma realidade a

---

[2] Desconectar, sair da rede ou do domínio de trabalho.

parte, desinteressante e inacessível. Muitas habilidades que já foram consideradas de extrema importância em um outro momento, podem não ser tão relevantes mais, assim como outras competências que não eram tidas como necessárias podem ser, hoje, de grande valia.

O computador tem muito a contribuir como fonte de informação e como meio de comunicação, mas para realmente ser útil como tal, os usuários, alunos e professores, devem saber digitar, bem como lidar com mecanismos de busca, de exploração das informações e com novas formas de interação como o e-mail, blogs, sites, entre outras.

Para que a informática se instaure como tecnologia educacional, é preciso que os professores se preparem para operar desembaraçadamente com esse instrumental. Isso não significa ser expert em informática, mas familiarizar-se com os recursos básicos necessários à utilização dessa tecnologia.

Uma vez conquistado esse espaço, por professores e alunos, não temos dúvida de que a escola poderá se transformar num lugar mais "real", mais acessível, em que aprender será um prazer, onde a troca de informações e a construção de saberes serão atividades constantes.

Referências

Boletim MEC/Inep/Daeb. *Qualidade da educação: uma nova leitura do desempenho dos estudantes da 4ª série do ensino fundamental.* http://www.inep.gov.br/download/saeb/2003/boletim_4serie.pdf

COSCARELLI, C. V. *Livro de receitas do professor de português.* Belo Horizonte: Autêntica, 2003.

COSCARELLI, C. V. *Uma resposta ao artigo Lições do futebol de Cláudio Moura Castro.* Belo Horizonte: Redigir: Você viu? Maio de 2003. http://bbs.metalink.com.br/~lcoscarelli/CMCresp.htm

COSCARELLI, C. V.; SANTOS, Else Martins. *Viciados em F7?* Nossa resposta ao JB. http://bbs.metalink.com.br/~lcoscarelli/viciados%20em%20F7.htm. jan/2002.

LAGO, Ângela. O computador e o livro. *Ciberespacinho.* Belo Horizonte, Junho/97. http://www.angela-lago.com.br/aulaComput.html

Capítulo 3

LETRAMENTO E NOVAS TECNOLOGIAS: QUESTÕES PARA A PRÁTICA PEDAGÓGICA

Cecília Goulart

Letramento: discutindo aspectos da escrita na cultura, na história e na prática pedagógica

Nosso objetivo, neste artigo, é apresentar parte de uma discussão que estamos realizando no processo de pesquisa (GOULART, 2001a; 2001b; 2003a, 2003b), aprofundando uma concepção da noção de letramento e investigando diferentes modos de ser letrado. Em tal contexto, destacamos a relevância da compreensão dos modos de inserção e de uso da escrita nas sociedades letradas contemporâneas, bem como os processos históricos que vêm determinando os diferentes gêneros do discurso orais e escritos, incluindo o uso da escrita em novos suportes tecnológicos. Na conclusão, como contraponto, apresentamos questões que estão no horizonte da noção de letramento, mas que têm sido pouco discutidas.

Estes estudos vêm contribuindo para a reflexão sobre novas possibilidades de ação pedagógica com a língua escrita, na perspectiva de se repensarem metodologias de trabalho que favoreçam a formação de sujeitos letrados. A formação desses sujeitos estaria intimamente relacionada ao contexto da autoria, na medida em que associamos as condições de autor à condição letrada, isto é, à inclusão e à participação efetivas dos sujeitos no tecido social que se constitui com o conhecimento da chamada variedade padrão da língua e da linguagem escrita. Nessa perspectiva, sugerimos a noção de letramento como horizonte ético-político para a ação pedagógica nos espaços educativos.

Entendemos que a escrita não foi primeiramente utilizada como veículo para a preservação da tradição oral; a escrita está ligada à criação de uma nova forma de comunicação que trouxe à tona uma nova semiótica e novas formas de discurso (MICHALOWSKI, 1994, p. 60). Assim, podemos pensar, também, que a escrita possibilita a elaboração de modelos conceituais para o discurso, envolvendo os elementos linguísticos e as estruturas linguísticas em que esses elementos se inserem, e, do mesmo modo, envolvendo diversos suportes textuais, associados também a novas demandas sociais.

Entendemos também que quando aprendemos uma linguagem, aprendemos sistemas de referências do mundo (FRANCHI, 1992), considerando que a constituição do sujeito, da linguagem e do conhecimento estão irremediavelmente interligadas. Esses sistemas de referência formados são interpretações possíveis que grupos humanos organizam do mundo, ou de aspectos do mundo, e podem/devem ir-se tornando cada vez mais abrangentes. Ao mesmo tempo, entendemos que existem interpretações diferentes para complexos de saberes semelhantes, sem que isso signifique que uma interpretação, ou um sistema de referências, possa ser a correta. Pode-se falar, entretanto, de interpretações mais e menos valorizadas socialmente.

Bakhtin nos ajuda a compreender essa questão complexa, já que estuda a linguagem na perspectiva da enunciação, isto é, dos usos sociais, ressaltando, então, a natureza social da situação de produção. Os feixes de sentidos que convivem nas palavras se constroem, dialogam e disputam espaço, instaurando-as como signos ideológicos. No movimento dos sujeitos nas infindáveis situações de enunciação, os signos/as palavras, pelo seu caráter vivo, polissêmico e ideologicamente opaco, têm sua significação determinada pelos contextos em que são produzidos. O diálogo é condição fundamental para se conceber a linguagem. A verdadeira substância da língua, portanto, é constituída pelo fenômeno social da interação verbal, realizada pela enunciação ou das enunciações (cf. BAKHTIN, 1988, p. 123).

Esses feixes de significações que os signos comportam podem ser estendidos a compreensões diversas de facetas do mundo, tanto construídas na vida cotidiana, empiricamente, quanto na tradição de formação de áreas de conhecimento, como a religião, a ciência (os diversos campos do conhecimento), a filosofia, a arte e, hoje, a informática, conformando o que Bakhtin chamou de *dialética interna* do signo. Compreender essa dialética é fundamental para nós que trabalhamos com crianças jovens e adultos de diferentes camadas sociais, com diferentes conhecimentos e informações sobre as coisas que estão no mundo.

Qual é a relação dessas considerações com a sala de aula? Da perspectiva de que falamos, na sala de aula, convivem muitos signos com múltiplos sentidos! Muitas vezes a professora está ensinando algo, ou discutindo algum assunto, e pode parecer-lhe que todos os alunos a estão acompanhando. Será que isso acontece sempre? Os conhecimentos e os valores que construímos na vida cotidiana são muito fortemente arraigados em cada um de nós. Estão ligados às histórias de nossas famílias, de nossos grupos sociais, às nossas experiências no mundo, enfim, são povoadas de muitas visões de mundo, muitas palavras, muitas vozes, de várias origens, que dialogicamente se fundam no social, um social não homogêneo. Tudo isso é marcado polifonicamente, por muitas vozes; tudo isso precisa, então, ser considerado nas salas de aula para que, no processo de ensino/aprendizagem, se possam articular as referências de mundo que já possuímos com as novas referências, que é papel da escola socializar: referências das áreas da ciência, da história, da geografia, da matemática, da arte, da filosofia, da literatura, entre tantas outras.

Outra noção trabalhada por Bakhtin, que parece bastante relevante para o trabalho pedagógico, em todos os níveis e modalidades, é a noção de gêneros do discurso (BAKHTIN, 1997). Para o autor, todas as esferas da atividade humana estão relacionadas à utilização da língua. Essa utilização se organiza em forma de enunciados concretos e únicos, orais e escritos, ou melhor, nossa fala e nossos textos escritos. O enunciado reflete as condições específicas e as finalidades de cada uma das esferas por meio de três aspectos: o conteúdo temático; o estilo verbal, ligado à seleção dos recursos da língua a serem utilizados; e, sobretudo, pela construção composicional. Esse último aspecto estaria mais relacionado à formação de gêneros do discurso.

Cada esfera da atividade humana elabora tipos relativamente estáveis de enunciados, que se constituem em gêneros do discurso. Esses gêneros são de riqueza e variedade infinitas, bem como marcados pela heterogeneidade. Vinculados às esferas da atividade humana, vão-se diferenciando e também se ampliando, no caso das esferas se desenvolverem e ficarem mais complexas. Os gêneros organizam os conhecimentos de determinadas maneiras, associadas às intenções e aos propósitos dos locutores.

O texto a seguir, elaborado por uma pessoa adulta em processo de letramento escolar, ilustra, de alguma forma, a importância do conhecimento dos gêneros do discurso relacionados às instâncias sociais em que são produzidos:

> d. Sonia
> Precisa-se de bom bril.
> Obrigado.
> Hilza

Esse texto foi deixado por Hilza, faxineira da casa de Sônia, para lembrar a necessidade de comprar determinado material de limpeza. Entretanto, Hilza utiliza-se da construção discursiva de um classificado relativo a emprego e, não, de um bilhete, como seria desejável.

Carlos Drummond de Andrade explorou poeticamente o atravessamento de gêneros do discurso ao escrever "Anedota Búlgara":

Era uma vez um czar naturalista
que caçava homens.
Quando lhe disseram que também se caçam borboletas
e andorinhas,
ficou muito espantado
e achou uma barbaridade.

O poeta chama a poesia de anedota e organiza-a como um conto infantil, iniciando-o pela expressão característica desse gênero – *Era uma vez*. Observe-se que o atravessamento está ligado aos modos de produção dos três gêneros, o que envolve não só a organização formal da poesia, mas o tema e o estilo utilizados pelo autor, gerando então o efeito de sentido da poesia.

Podemos dizer, então, que os gêneros do discurso são modos de organização dos enunciados, elaborados para dar conta das diferentes necessidades sociais das pessoas, das instituições, dos grupos: carta, relatório, propaganda, crônica, romance, bula de remédio, resumo de livro, notícia, conversa, palestra, piada, projeto, plano de curso, lista, convite, entre milhares de outras possibilidades. Eles nascem dentro de contextos sociais e estão internamente ligados a eles.

Nos espaços pedagógicos, como supomos, a aprendizagem de diferentes gêneros do discurso amplia o conhecimento das áreas em que são criados, ampliando as possibilidades de leitura do mundo. Essa aprendizagem deve ser realizada por meio de conversas, discussões, atividades orais e escritas, sobre os sentidos dos diversos gêneros e de suas características e também de características dos espaços em que são produzidos.

Segundo Bakhtin,

> a experiência verbal individual do homem toma forma e evolui sob o efeito da interação contínua e permanente com os

enunciados individuais do outro. [...] Nossa fala, isto é, nossos enunciados [...] estão repletos de palavras dos outros, caracterizadas, em graus variáveis, pela alteridade ou pela assimilação, caracterizadas, também em graus variáveis, por um emprego consciente e decalcado. As palavras dos outros introduzem sua própria expressividade, seu tom valorativo, que assimilamos, reestruturamos, modificamos. (Bakhtin, 1992, p. 313-314)

Podemos entender que quando estudamos determinados temas, de determinadas áreas do conhecimento, não estamos somente aumentando o nosso vocabulário, como durante muito tempo apregoamos. Essa é uma dimensão subordinada ao conhecimento do discurso que organiza as diversas áreas do conhecimento; do contexto em que aqueles conceitos, aquelas palavras, se inserem.

Essa reflexão me faz lembrar da professora que, participando de uma palestra sobre avaliação, relatou uma dificuldade que vivenciou com um aluno relacionada à expressão "ao todo", tão comum em problemas matemáticos que envolvem a operação de adição. A professora contou que em uma das turmas havia um aluno que, apesar saber somar sem dificuldades, não conseguia resolver problemas que incluíssem a expressão "ao todo". Depois de muito insistir com a criança, solicitou a outro aluno que tentasse explicar ao menino com dificuldade qual era a lógica que levava a somar os elementos apresentados no problema. Observando a explicação dada, ficou claro para a professora que a dificuldade estava na compreensão daquela expressão, o que prejudicava todo o raciocínio do menino. É importante ressaltar que a expressão "ao todo" está ligada ao contexto de formulação de problemas matemáticos, muito ligado à cultura escolar.

Outro relato, de uma professora de física, também é ilustrativo da questão que abordamos. Tal professora vinha durante algum tempo ensinando aos alunos sobre a dinâmica de objetos, em problemas do tipo: "Um corpo que cai de altura x, a uma velocidade y, quanto tempo leva para chegar ao solo?". Num determinado dia, observou, por meio da fala de alguns alunos, que a grande maioria deles estava considerando que *corpo* referia-se a uma pessoa morta, um defunto! Quer dizer, estavam referenciando a palavra *corpo* nas suas vivências cotidianas, em que, por força de violência existente na comunidade onde moravam, era comum encontrarem corpos de pessoas mortas. Na Física, *corpo* refere-se a um objeto qualquer. As palavras, então, adquirem sentido no contexto em que são produzidas; têm os sentidos vinculados à história de sua produção.

Queremos destacar, com os relatos das professoras, que os sentidos se constroem no interior dos contextos ou das esferas sociais em que são produzidos. Não é uma questão simplesmente de vocabulário, mas de conhecimento de outras possibilidades de significação das palavras, condicionadas pelos contextos organizados em que são utilizadas.

É nesse movimento que certos sentidos vão-se tornando mais estáveis nas diversas situações sociais, marcadas historicamente, e vão-se estabilizando gêneros do discurso, tanto ligados às situações da vida cotidiana, quanto a outras diferentes esferas simples e complexas da vida social.

Os gêneros do discurso são um repertório aberto e heterogêneo de formas de enunciados que se vão organizando, ao longo do tempo histórico, relacionados a determinados conteúdos e situações sociais. Mesmo a seleção de uma palavra, durante a elaboração de certo enunciado por um sujeito, passa por outros enunciados ouvidos/lidos que, na maioria das vezes, são aparentados à especificidade do gênero que está sendo utilizado (Bakhtin, 1992, p. 311). Esses enunciados/ gêneros se formam, polifonicamente, porque estão ligados não só aos elos discursivos, às vozes, que os precedem, mas também aos elos, às vozes, que os sucedem, na cadeia de comunicação verbal.

O fenômeno do letramento está, na perspectiva que adotamos, associado a diferentes gêneros discursivos, caracterizando as classes sociais de modos diferentes, já que classes sociais diferentes estão relacionadas com esferas sociais de conhecimentos diferentes. Estudos de natureza etnográfica vêm mostrando desempenhos diferentes de crianças de distintas classes sociais, em atividades orais de sala de aula. Desse ponto de vista, estudos que envolvam as orientações de letramento dos sujeitos podem se mostrar produtivos, tanto para a compreensão dos múltiplos saberes que circulam na sociedade, e de que modo, quanto para a reflexão sobre processos de aprendizagem/ensino.

Os sujeitos organizam o real e elaboram conhecimentos e gêneros discursivos de forma intimamente relacionada a suas experiências, práticas e relações com a cultura, engendrando múltiplas formas de ser e fazer no mundo. Nesse sentido, a apropriação da linguagem escrita tem uma dimensão político-ideológica, ligada "às formas que as práticas de leitura e escrita concretamente assumem em determinados contextos sociais, e isso depende fundamentalmente das instituições sociais que propõem e exigem essas práticas" (STREET, 1984, *apud* SOARES 1998, p. 75). A perspectiva delineada aqui interliga a noção de letramento a um modo de conceber a linguagem escrita e seu contexto sociohistórico, o que problematiza, de modo agudo, seu ensino/aprendizagem.

Vamos compreendendo, dessa forma, as orientações de letramento como espectros de conhecimentos desenvolvidos pelos sujeitos nos seus grupos sociais, em relação com outros grupos e com instituições sociais diversas. Esse espectro está relacionado à vida cotidiana e a outras esferas da vida social, atravessadas pelas formas como a linguagem escrita as perpassa, de modo implícito ou explícito, de modo mais complexo ou menos complexo.

Cada um de nós conhece diferentes sistemas de referências, ou aspectos de sistemas, do mundo social: alguns sistemas e aspectos conhecemos muito, outros conhecemos um pouco e outros, ainda, conhecemos somente de ouvir falar. Podemos assumir que o mundo social é fragmentariamente conhecido por nós e parcialmente partilhado entre nós, embora coesamente vivido. Assim, para nos aproximarmos das orientações de letramento dos sujeitos é preciso compreendê-las de forma plural, no sentido das múltiplas perspectivas humanas.

Como a apropriação da linguagem escrita é por nós entendida como parte do processo geral de apropriação da linguagem, a discussão acima vai ao encontro do papel da linguagem na constituição da consciência social dos sujeitos e, logo, da constituição do próprio sujeito como ser social, encontrada nos estudos de Bakhtin (1988). De acordo com o autor, as bases de uma teoria marxista da criação ideológica (estudos sobre o conhecimento científico, a literatura, a religião, a moral) estão ligadas à criação de signos ideológicos, cujos significados remetem a algo exterior aos sujeitos. Os signos não existem como parte de uma realidade: refletem e refratam uma outra, como fragmentos materiais dessa realidade. Sendo a palavra o fenômeno ideológico por excelência, é absorvida pela sua função de signo e, assim, penetra em todas as atividades humanas, desde a comunicação ideológica cotidiana, passando pelo discurso interior até as diversas esferas de saber especializadas e formalizadas. Desse modo, compreender as palavras está relacionado a compreendê-las num contexto concreto preciso, a compreender sua significação numa enunciação particular que se produz dentro de uma esfera social.

De interesse ainda para o nosso estudo é o destaque que Bakhtin dá à ideologia do cotidiano. De acordo com ele, essa ideologia estabelece uma relação dialética com outros sistemas ideológicos constituídos, que estamos concebendo, de um modo genérico, como as disciplinas, os campos do conhecimento: filosofia, ciência, arte, religião, entre outros. Desses sistemas, formados a partir da ideologia do cotidiano, isto é, das necessidades e desejos que os homens tiveram historicamente de aprofundar a compreensão de aspectos e fenômenos do mundo, a ideologia recebe seu tom e, em contrapartida, lhes permite uma avaliação crítica viva, por meio de uma situação social determinada. Quer dizer, a ideologia do cotidiano garante vida, concretude, significância, aos sistemas constituídos. Dessa tensão, ideologia do cotidiano/sistemas ideológicos constituídos/ideologia do cotidiano, é possível aparecerem novas forças sociais que podem invadir a arena da ideologia oficial constituída, infiltrando-se nas instituições ideológicas (a literatura, a imprensa, a ciência).

Com base na discussão teórica apresentada, a noção de polifonia é entendida na perspectiva dialética, tanto do que se repete nos discursos e cria, em diferentes grupamentos sociais, e de modo relativamente estável, significações e gêneros de discurso, quanto do que se diferencia nos discursos e permite pensar o signo ideologicamente aberto para diferentes interpretações. Como essa noção tem sido relacionada às vozes dos sujeitos, podemos pensar tanto em vozes que se aproximam, consonantes, quanto em vozes que se afastam, dissonantes.

A noção de polifonia é vista aqui como básica para a compreensão da noção de letramento no sentido de que o letramento está relacionado ao conjunto de práticas sociais, orais e escritas, e a instituições, atravessados pelo poder que a língua escrita possui na sociedade e aos conteúdos a que, histórica e culturalmente, essa modalidade de linguagem está associada (ver GNERRE, 1985). Estaria, consequentemente, relacionada de modo forte à formação dos diferentes campos de conhecimento e das diferentes configurações discursivas. Assim, vivendo em sociedades letradas, tanto os sujeitos escolarizados quanto os não escolarizados são afetados, de alguma forma, pelo fenômeno do letramento.

Na perspectiva pressuposta do conhecimento fragmentário e parcialmente compartilhado que se tem do mundo, a escola pode ser um espaço de abertura para outras vozes e dimensões do conhecimento, para ampliar o mundo social plural dos sujeitos com múltiplos modos de mostrar, apreender, discutir e sentir as faces da realidade. Aumentar-se-ia, dessa maneira, o espectro de conhecimentos dos sujeitos. Não de forma hierarquizada e homogênea, mas, sob o olhar de Foucault (1996), recusando o discurso "verdadeiro" e discutindo o novo, que não está no que é dito, "mas no acontecimento de sua volta" (p. 26). Como o "tema" bakhtiniano que, envolvendo o enunciado, cria-lhe uma significação única, irrepetível. Rompendo o cinturão de poder que se foi formando na sociedade costurado pela escrita (Rama, 1985), apropriando-se do modo como diversos fatos e conhecimentos foram incorporados por ela e colocando em circulação outros modos de incorporação de fatos e conhecimentos, que podem nos levar a novas formas de tensão social, a novas práticas discursivas, a uma nova ordem do discurso.

Unimos, deste modo, as noções de *letramento* e *polifonia*. O letramento estaria associado à condição de, pela linguagem, ser interno de modo crítico aos conteúdos e formas sociais que, atravessados pela escrita, disputam o jogo do poder no espaço político das relações sociais. A *polifonia*, ligada à compreensão, também crítica, dos outros e alheios que, ao comporem o espectro discursivo social, compõem o discurso de cada um, revelando diferenças e afastamentos, semelhanças e aproximações, bem como tensões/conflitos.

A condição letrada é pressuposta intimamente relacionada tanto aos discursos que se elaboram nas diferentes instituições e práticas sociais orais e escritas, quanto aos muitos objetos e formas de expressão sociais, entre elas a expressão em língua escrita.

A dinâmica social se mostra então complexa e heterogênea de múltiplas perspectivas. Destaco aqui, principalmente, a perspectiva cultural, que se expressa em diferentes áreas do conhecimento (filosófica, científica, linguística, artística, de gênero, étnica, religiosa, entre outras), e a perspectiva de classes sociais, que se expressa pelos diferentes valores atribuídos por essas classes aos diferentes conhecimentos, agências, objetos, atividades, relações e atitudes sociais. As formas como hoje esses caminhos se cruzam, aproximando-se e afastando-se, ao mesmo tempo, geram necessidades cada vez mais urgentes de se continuar repensando, entre muitas outras questões, e no sentido deste estudo, a prática pedagógica discursiva, no interior da prática social, nas suas múltiplas dimensões.

Novas tecnologias, novos gêneros discursivos: novos e antigos saberes em tensão

Afirmamos, em Goulart (1999), que a inclusão e a participação numa sociedade letrada passam por conhecimentos de ordem prática, filosófica, científica e artística, como também por gestos, hábitos, atitudes, procedimentos e estratégias que constituem valores sociais. Esses diferentes tipos de conhecimentos estão associados a práticas, instituições, objetos e agentes sociais. No artigo citado, ressalvamos que não consideramos que as pessoas vão se despojar necessariamente de seus conhecimentos, constituídos no cotidiano de seus grupos sociais de origem, para adotar outros, ao adquirirem a condição de letradas. Essas várias formas de abordar, de interpretar, de viver no mundo podem conviver e propiciar um "chão" para que, continuamente, novas formas de subjetividade sejam viabilizadas. É importante considerar também que não se adquire a condição letrada de uma hora para outra.

A condição letrada está associada a alterações em determinados grupos sociais, em relação a efeitos de natureza social, cultural, política, econômica e linguística relacionados à utilização da língua escrita (cf. Soares, 1998, p. 18). Organiza-se em torno de um conjunto de gestos e comportamentos diversificados, de competências e habilidades heterogêneas, de objetos histórica e socialmente diferenciados; é construída por meio de um conjunto de práticas e de uma rede de instituições, agentes e materiais; seria a base de divisões no interior da sociedade e um dos fatores que poderiam transformá-la (Cole, 1999).

Com base nas reflexões anteriores, distinguimos o acesso à língua escrita, enquanto tecnologia, do acesso ao mundo da linguagem escrita, isto é, à escrita como prática social, como um saber, no caso da alfabetização e do trabalho com a linguagem na escola trabalhados no sentido do letramento. A escrita é ensinada como uma tecnologia, no caso da alfabetização, quando é relacionada à aprendizagem como um jogo de codificação de sons em letras (escrita) e decodificação de letras em sons (leitura), e camufla a história das pessoas, dos gêneros de discurso constituídos, enfim, a sua produção de conhecimentos, e, entre eles, os usos e funções sociais da escrita.

Sem negar a relevância de que, no contexto do letramento escolar, se criem condições e se façam intervenções para que crianças, jovens e adultos compreendam o princípio alfabético da escrita e aprendam, além disso, a escrever ortograficamente, entendemos que os dois processos não podem ser dissociados (cf. Soares, 2003).

No contexto da concepção de letramento delineada, as novas tecnologias da informação se incorporam, de várias maneiras, ao espectro de conhecimentos dos diferentes sujeitos e de segmentos sociais, também de forma descontínua e heterogênea. A escrita como um saber, um modo de conhecer, para além de uma tecnologia, se mostra cada vez mais necessária para que a constituição e o uso de novos gêneros do discurso, implicados naquelas tecnologias, sejam feitos de modo tão crítico quanto se espera que sejam as atividades de leitura e escrita mais sedimentadas em suportes textuais tradicionais, como livros, jornais, revistas, embalagens, entre outros.

Perguntamo-nos, então: Que outros desafios a superfície da tela de um computador, por exemplo, traz para a leitura e a escrita? O conhecimento da escrita em si, como uma forma de linguagem, é o mesmo; entretanto novas condições de produção determinam novas formas de organização do discurso, novos gêneros, novos modos de ler e de escrever. A leitura e a escrita na tela do computador requerem, de certa perspectiva, um sistema de convenções diferente daquele que regula aquelas atividades em folhas de papel.

O modo como o texto se estrutura no computador (incluindo a apresentação e a formatação do texto) dimensiona a materialidade do texto de um modo diferente daquele lido ou escrito em papel. A própria maneira como o "manuseamos", indo e voltando, fazendo destaques, inserções, entre outras ações, nos obriga a novos conhecimentos e novas estratégias de leitura e de escrita.

Navegar na Internet, por sua vez, nos possibilita acessar muitos textos e de gêneros variados, ao mesmo tempo, por meio de *links* que vamos acessando: um texto se abre, então, em muitos textos, operacionalmente, e não mais só em nível metafórico, se relacionarmos à leitura de textos escritos em papel. Essa possibilidade nos faz experimentar o conhecimento de um modo novo, diferente das fontes tradicionais de referência. Um texto pode nos levar a outros textos, subjugando a linearidade espacial do texto no papel a uma verdadeira rede de textos que nos permite criar trajetórias de leitura diferenciadas, pelas opções que fazemos. A interação com o texto se dá, assim, com uma dinâmica diferente daquela com o texto em papel.

Refletindo na perspectiva de alguns gêneros do discurso lidos no computador, é preciso destacar, entretanto, que não é somente o texto eletrônico que se modifica a cada leitura, a cada navegação. O percurso de leitura é sempre provisório em todo texto: em alguns gêneros mais, como os literários, e em outros, menos. Mesmo o diálogo com outros textos também acontece na leitura e na escrita do texto no papel. A leitura de um texto nos leva a outros textos, a outras vozes; a escrita, do mesmo modo, implica trazer para o texto textos de outros também.

No texto eletrônico, entretanto, as pessoas lidam com temporalidades e espacialidades que estão inscritas na modificação das bases materiais do novo objeto que geram diferentes estratégias de leitura, de diálogos.

No sentido da condição letrada, hoje, as leituras e escritas de textos no computador já se vão configurando como parte daquela condição.

Para concluir, uma antiga preocupação, no contexto da autoria...

Algumas questões, ao final do artigo, teimam em permanecer, vinculadas ao contexto da autoria dos sujeitos a quem dirigimos nosso trabalho pedagógico. Uma delas é a questão do acesso – acesso ao mundo da linguagem escrita, às muitas vozes sociais e a campos de conhecimento, que hoje incluem a leitura e a escrita na Internet, só para citar um exemplo. Acesso ligado à aprendizagem significativa da língua escrita.

Os novos gêneros discursivos, nascidos na esfera da atividade social de novas tecnologias (que inclusive, de repente, pode tornar o esloveno o nosso interlocutor mais próximo...), dependem, substancialmente, da formação de sujeitos letrados no sentido tradicional, se considerarmos que aquela ainda é uma rede prioritariamente de textos escritos; ou que se letrem no contexto de trabalho com a variedade de suportes sociais de escrita, os mais tradicionais e os mais novos.

Outra questão diz respeito à reflexão sobre a constituição histórica dos gêneros discursivos, da relação letramento/polifonia e dos novos gêneros do discurso condicionados pelas novas tecnologias, apresentando-se como um ângulo a mais para se pensar o trabalho pedagógico. Sugere-nos que espaços educativos devam estar trabalhando na direção de incorporar novos saberes/modos de conhecer, como forma de garantir o fortalecimento da expressão política das subjetividades dos sujeitos. Desse modo, aqueles que "fazem" a cultura escolar devem refletir sobre como incorporar as novas tecnologias: Que papel terão na escola para a produção e a difusão dos diversos conhecimentos, incluindo o científico e o tecnológico? Novas tecnologias, para quê e por quê?

Outra questão se relaciona à sugestão apresentada no início deste artigo, de que a noção de letramento se constitua como horizonte ético-político para a ação pedagógica nos espaços educativos. Precisamos refletir, buscando compreender, sobre a relevância e a dimensão que a condição letrada tem na vida dos grupos sociais, e até dos sujeitos individualmente, com quem trabalhamos naqueles espaços educativos. Que sentido as crianças, jovens e adultos atribuem ao aprendizado da linguagem escrita?

Mey (1998) conclui um artigo em que discute a questão do valor do letramento para determinados grupos, dizendo que o grandioso projeto sonhado pela UNESCO, de terminar com o iletramento no ano 2000,

> nunca será uma realidade significativa, a não ser que se aprenda a respeitar os usos do letramento da maneira que eles são percebidos pelas pessoas a quem se quer introduzir o "mundo da leitura" e os outros aspectos do nosso letramento. O letramento, para que seja verdadeiramente funcional, tem que ser situado dentro de um discurso representativo da atividade, em que a representação não é a "voz" da maioria letrada, mas a da minoria iletrada. (MEY, 1998, p. 348)

O autor aponta, então, uma faceta importante para continuarmos no trabalho por uma sociedade letrada, mostrando que este não pode ser concebido por fora das condições e aspirações dos diferentes grupos sociais em relação às práticas sociais letradas.

O compromisso da escola em formar cidadãos autores de suas próprias leituras e da produção de seus próprios textos continua sendo um desafio neste país com tantas desigualdades. O suporte textual fica em segundo plano, quando olhamos o problema na perspectiva das questões apresentadas nos parágrafos que abrem esta seção. Causa-nos temor que estejamos criando novas formas de exclusão, pois não consideramos suficiente equipar as escolas com computadores e com outras tecnologias se, ao mesmo tempo, não fomentamos condições político-pedagógicas a professores e alunos para viver com dignidade, criatividade, crítica, ética e responsabilidade social o exercício cotidiano de ensinar e aprender.

Muitas outras questões, não menos relevantes, com certeza, estão implicadas na discussão que aqui apresentamos; entrarão, entretanto, nos *links* que faremos para as próximas reflexões.

REFERÊNCIAS

BAKHTIN, M. (V. N. Volochínov). *Marxismo e Filosofia da Linguagem.* São Paulo: Hucitec, 1988.

BAKHTIN, M. (V. N. Volochínov). *Estética da Criação Verbal.* São Paulo: Martins Fontes, 1992.

COLE – 12o. *Congresso de Leitura.* Ementa do seminário Letramento e Alfabetização. Campinas/ALB, UNICAMP, 1998.

FOUCAULT, M. *A Ordem do Discurso.* São Paulo: Loyola, 1996.

FRANCHI, C. Linguagem – atividade constitutiva. *Cadernos de Estudos Lingüísticos,* Campinas, 22,1992 [1977], p.9-39.

GNERRE, M. *Linguagem, Escrita e Poder.* São Paulo: Martins Fontes, 1985.

GOULART, C. M. A. Uma reflexão sobre a prática da alfabetização. Folha PROLER, 9, Fundação Biblioteca Nacional/Casa da Leitura, Rio de Janeiro, p.7-8, 1999.

GOULART, C. M. A. Letramento e Polifonia: um estudo de aspectos discursivos do processo de alfabetização. *Revista Brasileira de Educação,* ANPEd, 18, São Paulo: Ed. Autores Associados, set.-dez., p. 5-21, 2001a.

GOULART, C. M. A. *Alfabetização e Letramento*: o papel do outro na constituição da linguagem escrita. Relatório de pesquisa concluída, Faculdade de Educação/UFF, Programa de Pós-Graduação, inédito, 2001b.

GOULART, C. M. A. *A noção de letramento como horizonte ético-político para o trabalho pedagógico: explorando diferentes modos de ser letrado.* Projeto de pesquisa/CNPq. Faculdade de Educação, Universidade Federal Fluminense, 2003a.

GOULART, C. M. A. Uma abordagem bakhtiniana da noção de letramento: contribuições para a pesquisa e para a prática pedagógica.

Kramer, S.; Jobim e Souza, S.; Freitas, M. T. A. *Leituras de Bakhtin.* São Paulo: Cortez, 2003b.

MEY, J. L. As vozes da sociedade: letramento, consciência e poder. *D.E.L.T.A.*, v. 14, n.2, São Paulo, p. 331-348, 1998.

MICHALOWSKI, P. Writing and literacy in early states: A Mesopotamianist Perspective. In: KELLER-COHEN, D. (Ed.) *Literacy – Interdisciplinary Conversations.* Cresskill, NJ: Hampton Press p. 49-70, 1994.

RAMA, A. *A Cidade das Letras.* São Paulo: Brasiliense, 1985.

SOARES, M. B. *Letramento –* um tema em três gêneros. Belo Horizonte: Autêntica, 1998.

SOARES, M. B. *Letramento e escolarização.* Ribeiro, V. M. *Letramento no Brasil:* reflexões a partir do INAF 2001. São Paulo: Ação Educativa; Instituto Paulo Montenegro; Editora Global, 2003.

STREET, B. V. *Literacy in Theory and Practice.* Cambridge: Cambridge University Press, 1984.

Capítulo 4

ALFABETIZAÇÃO DIGITAL: PROBLEMATIZAÇÃO DO CONCEITO E POSSÍVEIS RELAÇÕES COM A PEDAGOGIA E COM APRENDIZAGEM INICIAL DO SISTEMA DE ESCRITA

Isabel Cristina A. da Silva Frade

Este artigo dialoga com alguns estudos que tratam do significado da introdução de uma cultura digital na sociedade, tentando problematizar as relações conceituais entre os termos letramento digital/alfabetização digital e os significados já mais amplamente discutidos de letramento e alfabetização.

Buscando similaridades entre as discussões pertinentes ao contexto digital e alguns problemas que envolvem a alfabetização na escola, são recuperados elementos que persistem como problemas e que são anteriores às novas tecnologias. Finalmente, discute-se qual seria a contribuição dos computadores, como artefato e como linguagem, para auxílio ao processo de alfabetização de crianças.

Vários pesquisadores têm trazido sua contribuição ao discutir as novas práticas geradas pela passagem do oral para o escrito e de uma cultura escrita do papel para uma cultura escrita da tela. No campo da história cultural são muito elucidativos os estudos de Roger Chartier, sobretudo porque recolocam o sentido das "revoluções" e das permanências, relativizando ou, em certos casos, ressaltando os efeitos da cultura digital em nossas práticas atuais. Outros autores se debruçam sobre as consequências cognitivas da introdução das chamadas novas tecnologias, discutindo também o que caracteriza uma cultura contemporânea digital (PIERRE LÉVY).

Inúmeras pesquisas perseguem mudanças nas práticas de leitura e de escrita, a partir da problematização do que muda nos textos, tanto nos aspectos materiais que os suportam, quanto sobre o que caracteriza os novos gêneros textuais, no chamado hipertexto. Esses estudos problematizam funções que novas práticas de uso do computador inauguram, na vinculação com novos gêneros – como, por exemplo, aquelas desencadeadas por um gênero híbrido de diálogo, que traz características de um "oral" escrito (a discussão *online*) ou aquelas que recupera, como a da correspondência.

Mas quais as repercussões dessas discussões para pensarmos em práticas escolares que considerem um novo contexto de divulgação da escrita e que operem com as tecnologias em seus processos de ensino da leitura e da escrita? Até que ponto a divulgação dos novos termos, "alfabetização digital" e "letramento digital", podem ajudar a pensar novos problemas para o ensino/aprendizagem da leitura e da escrita?

O termo *letramento* é considerado por Magda Soares (1998, p. 47) como "estado ou condição de quem não apenas sabe ler e escrever, mas cultiva as práticas sociais que usam a escrita" e continua etimologicamente ligado à ideia de letra, de escrita. No campo da cultura digital, o letramento digital define-se de maneira especial, pela mesma autora, como "um certo estado ou condição que adquirem os que se apropriam da nova tecnologia digital e exercem práticas de leitura e escrita na tela, diferente do estado ou condição – do letramento – dos que exercem práticas de leitura e de escrita no papel" (2002, p. 151).

Pode-se dizer que o letramento digital, então, implica tanto a apropriação de uma tecnologia, quanto o exercício efetivo das práticas de escrita que circulam no meio digital.

Talvez seja interessante recuperar a problemática da alfabetização, em seu sentido estrito, relacionando-a aos movimentos que ampliaram seu conceito, gerando a necessidade de trazer outro termo: letramento. Os estudos de Magda Soares, entre outros, permitem constatar que o termo *letramento* surge para designar novos fenômenos envolvendo a cultura escrita na sociedade. Hoje sabemos que não basta o aprendizado do sistema de escrita, ou seja, do código, uma vez que, para participar das práticas sociais que envolvem a cultura escrita, são exigidos percepções, conhecimentos, valores e sociabilidades próprias de um tempo de grande disseminação dessa cultura, sempre em movimento, sempre acrescida de novos usos e funções. E como essas práticas não se disseminam igualmente para todos, constatamos, cada vez mais, o fenômeno da exclusão.

Por outro lado, embutido no conceito de letramento está o de alfabetização, que tem sua especificidade. Segundo Magda Soares (2003), a entrada no mundo da escrita passa basicamente por duas vias: uma que se dá a partir de seus usos e outra que ocorre pelo aprendizado de uma técnica. A alfabetização seria, então, o aprendizado de uma "técnica", assim definida:

> chamo a escrita de técnica, pois aprender a ler e a escrever envolve relacionar sons com letras, fonemas com grafemas, para codificar ou para decodificar. Envolve, também, aprender a segurar um lápis, aprender que se escreve de cima para baixo e da esquerda para a direita; enfim, envolve uma série de aspectos que chamo de técnicos. Essa é, então, uma porta de entrada indispensável. (p. 15)

O termo *alfabetização*, em seu sentido estrito, possui diferentes definições que vale a pena retomar para tentarmos compreender seus desdobramentos na era da cibercultura. Para Magda Soares (2000, p. 47), trata-se da "ação de ensinar/ aprender a ler e escrever". Para o dicionário *Houaiss*, ela é "o ato ou efeito de alfabetizar, de ensinar as primeiras letras".

Assim, parece que ensinar e aprender a escrever e a ler e a menção às primeiras letras circunscrevem o conceito, ligando-o às práticas iniciais de escrita nas quais estejam envolvidas as letras e o que elas representam, ou seja, o sistema alfabético e ortográfico de escrita.

No entanto a transposição do termo *alfabetização* para outros campos é bem frequente quando se trata de ensinar outros códigos. Assim, na falta de outro termo, perde-se um pouco seu sentido etimológico ligado à letra para associá-la ao aprendizado inicial de outros signos.

Nesse sentido, é muito comum encontrarmos hoje a designação *alfabetização audiovisual* para o aprendizado de outras linguagens, tais como as que envolvem o som, imagens fixas e em movimento. Nessa perspectiva, para alguns autores (TYNER; KATHLEEN, 1996 e FRADE, 2001), os códigos a serem desvendados possuem linguagens específicas (iconicidade, sonoridades, etc.) que precisam ser decifradas. Além disso, existem modos de construção dessas linguagens que incidem em suas expressividades e em seus efeitos de sentido. Esse conceito, da forma como vem sido tratado, implica, também, a possibilidade de que as pessoas desvendem os modos de fabricação – inclusive os recursos técnicos de manipulação dessas linguagens – as materialidades que dão suporte econômico aos produtos audiovisuais, sobretudo as determinações políticas e econômicas que sustentam as produções, sejam elas situadas num polo mais comercial ou num polo cultural. Finalmente, também implica entender seus modos de circulação e distribuição na sociedade. Dessa forma, na discussão da alfabetização audiovisual estão presentes elementos que se referem à decifração do sistema de signos, mas também outras dimensões que levariam a uma percepção crítica da produção, dos modos de distribuição e circulação da cultura audiovisual na sociedade, similar a uma ideia de *letramento*.

De forma análoga, o uso do termo *analfabetismo digital* começa a aparecer nos discursos políticos, midiáticos e acadêmicos. Nesse caso, seria relevante perguntar qual o significado dessa escolha de termos e se ele guarda similaridade com o que o originou: o analfabetismo ligado à aprendizagem do sistema de escrita.

Assim, para exercer as práticas de escrita, faz-se necessário o aprendizado de uma tecnologia da escrita, ou melhor, de uma escrita da linguagem. No plano do impresso ou do manuscrito, essa tecnologia se refere à compreensão dos modos de funcionamento do sistema de representação alfabético e ortográfico.

Sem considerar a mudança nas tecnologias, as capacidades necessárias para esse aprendizado referem-se à tecnologia de notação por nós empregada. Essa tecnologia relaciona-se aos aspectos formais contidos no sistema de escrita que fazem do nosso sistema alfabético e ortográfico o que ele é, ou seja, o nosso sistema alfabético, como o próprio nome indica, é um sistema de representação dos sons da fala por meio das letras do alfabeto. Para conhecimento desse sistema é importante relacionar a escrita com a pauta sonora, saber com quais signos escrevemos, em que ordem eles aparecem, como são grafados, etc. Por outro lado, nosso sistema ortográfico contém elementos da representação alfabética, mas também supõe conhecimentos de várias outras regras e também irregularidades, que precisam ser aprendidas para se representar as palavras corretamente. Esse conhecimento, o ortográfico, se amplia pela vida toda e alguns dos casos de ortografia podem ser sistematizados em todo o período da escolarização, mas o conhecimento alfabético precisa ser abordado sistematicamente na alfabetização escolar.

Várias capacidades estarão envolvidas nessa apropriação do sistema, tais como:

• reconhecer as repetições de sons, como rimas, sílabas e sufixos, e saber, gradativamente, identificar e registrar as letras que as representam (domínio do sistema de representação alfabético);

• compreender as diferenças entre as letras e outras formas gráficas e saber grafá-las (compreensão de aspectos do grafismo);

• saber que se escreve de cima para baixo e da esquerda para direita e que as palavras são separadas por espaços em branco (conhecimento de convenções);

• conhecer o alfabeto (para determinados tipos de letras e/ou para todo os tipos);

• escrever ortograficamente palavras (com representação direta do fonema com o grafema, usar determinadas regras, grafar palavras irregulares bem frequentes em sala de aula e nos outros materiais lidos, etc.).

No entanto, junto a essas capacidades que são mais estáveis historicamente – apesar de o sistema de escrita ser resultado de uma construção social e, portanto, passível de transformações –aparecem várias outras, ligadas a alguns elementos técnicos da cultura escrita, ou melhor, da linguagem escrita em seu funcionamento pleno na sociedade. Uma dessas perspectivas refere-se aos artefatos utilizados para escrever.

Nessa perspectiva, aparatos técnicos de escrita se cruzam com o aprendizado do sistema de notação, causando interferências mútuas. No próximo item, discutiremos algumas dessas interferências na alfabetização escolar.

O computador como artefato e o aprendizado de novos gestos de escrita

Magda Soares (2002) explora duas facetas do problema do letramento na cibercultura: uma primeira, relacionada aos espaços de escrita (pedra, argila, papel, tela) e suas consequências para a interação leitor/escritor, e uma segunda, relacionada aos textos e suas novas formas de produção, reprodução e difusão na sociedade.

Nesta segunda categoria, a autora discute as ideias de estabilidade/instabilidade dos textos na tela, de controle de qualidade para publicação e da reformulação na categoria *autor*, tal como esta se colocava antes do advento dessa tecnologia de produção e de difusão do escrito.

Poderíamos relacionar suas ideias aplicadas a uma cultura escrita, em geral, com a cultura escrita escolar, analisada do ponto de vista de um tempo de longa duração.

Historicamente e estabelecendo diálogo com outras práticas sociais de escrita, a escrita tipo escolar é algo que se inscreve com instrumentos (pedras na ardósia, pena, caneta tinteiro, caneta esferográfica, lápis grafite, etc.), sobre determinadas superfícies (quadro de areia, quadro-negro, pedras ardósia, cadernos, folhas soltas de papel, etc.). São poucos os estudos sobre a relação entre a história dos materiais utilizados na escrita escolar (Razzini, 2003) e menos ainda são os que discutem seus efeitos. Podemos, no entanto, fazer certas considerações sobre algumas de suas consequências.

A presença ou a ausência de suportes disponibilizados para a escrita e para a leitura torna, obrigatoriamente, coletivas ou individuais algumas atividades de leitura e escrita na escola. Assim, sabe-se que a escola se utilizava de materiais escritos impressos e de outros materiais, como cartazes e outros artefatos, para leitura coletiva de textos, na ausência de material disponível para todos, e essa prática escolar de leitura oralizada carrega, em parte, as mesmas interferências que as práticas de leitura sofreram na sociedade como um todo, por conta dessa materialidade. Por outro lado, a escrita escolar realizada na ardósia ou nas caixas de areia, na ausência de papel, tornou mais tardios os registros permanentes individuais dos alunos. Assim, uma escrita sem permanência pode ter exigido outras estratégias de alunos e professores, pois eles não poderiam contar com a recuperação de certos registros escritos efetuados pelos alunos, nem para leitura feita por outros, nem para verificação do aprendizado da escrita.

De outra forma, a presença do papel em outros materiais, como cadernos, traz inúmeras consequências pedagógicas e cognitivas. A utilização do caderno escolar trouxe muitas possibilidades para a pedagogia, inclusive a do registro. As maneiras pelas quais esse registro foi sendo produzido constitui-se num artefato cultural que altera as relações com o conhecimento, sobretudo por separações e clivagens entre disciplinas.[1]

Outro efeito dos instrumentos refere-se às suas consequências para o ensino da leitura e da escrita – hoje vistos como complementares e simultâneos. O fato de não haver suportes suficientes de escrita para todos fez com que a leitura fosse ensinada antes da escrita e que os livros didáticos não contivessem exercícios nos quais os alunos inscrevessem seu traço.

Por meio do uso da pedra ardósia temos uma escrita instável (porque não permanente) e com pouco espaço para se desenvolver, em termos de volume textual. Especificamente, esse tipo de escrita, nesse suporte, enseja mais o aprendizado da técnica de traçados do que o aprendizado da escrita de textos. Esse suporte de escrita vincula-se, assim, a atividades escolares voltadas para o exercício de gestos, da cópia e da reprodução de palavras. Os estudos de Diana Vidal e Isabel Esteves (2003, p. 116-117) permitem vislumbrar outra faceta que une uso renovado da superfície com a prática e ideia de exercícios:

> cumprindo a mesma função do texto impresso ou manuscrito, que permite o uso constante e renovado do exercício de leitura, as superfícies apagáveis da areia e ardósia abriam-se à utilização repetida da escrita – erro e correção – no ciclo reiterado do exercício.

As mesmas autoras assinalam:

> o entrave material à escolarização da escrita começou a ser superado no fim do séculos XVIII e início do XIX. As propostas de escrita nas mesas de areia com o dedo para os alunos novos e sua progressão às ardósias e lápis de pedra, antes do aprendizado do uso da pena e do papel, nos últimos anos dos setecentos e primeiros do oitocentos, pelo método mútuo, permitiram, pela primeira vez na escola elementar, a simultaneidade do ensino da leitura e da escrita. (p. 117)

---

[1] A utilização de artefatos como caderno e suas consequências tem sido discutida pela pesquisadora Anne-Marie Chartier, em algumas conferências proferidas no Brasil.

Sobre o uso do papel, material de luxo, observam:

> somente na segunda metade do século XIX, o papel teria seu custo reduzido e, sob a forma de cadernos e, dentre eles o caderno de rascunho, veria sua introdução ampliada no universo da escola. Conviveria, no entanto, até a entrada do século XX com as ardósias, testemunhando não apenas a eficácia das lousas individuais no ensino dos alunos menores, quanto o preço relativamente elevado do papel para um uso notadamente de descarte nas séries iniciais. (p. 118)

De outra forma, do ponto de vista dos objetos utilizados para produzir inscrições em superfícies, o uso da pena de ganso, assim como, posteriormente, da caneta-tinteiro, era muito sofisticado para alunos que ainda não dominavam os gestos necessários a essa escrita.

Por libertar o gesto, por possibilitar o apagamento e por ser uma tecnologia de fácil manuseio, desde a escolarização inicial, a invenção do lápis grafite foi uma grande revolução. A disseminação de novos instrumentos e a possibilidade de novos modos de fabricação e barateamento do papel podem ter gerado um ensino mais sistematizado da escrita, agora mais estável, porque permanente. Sendo uma escrita para outros ou para leituras posteriores, era ainda mais necessário o treino da legibilidade, que, por sua vez, agrega e reforça uma dimensão estética ao ato de escrever e produz diferentes exercícios escolares de caligrafia.

A discussão sobre o ensino da caligrafia não ocupa lugar de prestígio na atualidade, mas vários estudos históricos permitem verificar o conjunto de fatores envolvidos na sua discussão: as teorias de higienistas relacionadas à postura, à tonicidade, à forma do gesto; as disputas ideológicas sobre se determinado traçado era ou não moderno (VIDAL; GRIVTZ, 1998 e VIDAL; ESTEVES, 2002). Assim, o ato de grafar não se liga apenas aos aspectos cognitivos, mas também a aspectos físicos e culturais, entre outros.

Em síntese, podemos dizer que, para cada alteração nas tecnologias de escrita, deveríamos pensar em novos gestos e possibilidades cognitivas e, por extensão, em novas pedagogias. Isso porque esses instrumentos alteram os modos de relacionamento com a cultura escrita e, em outra instância, com o próprio conhecimento e com uma instituição encarregada de transmiti-lo, a escola.

Pedagogia escolar da alfabetização e uso de diferentes tecnologias para escrever/inscrever

Pensar historicamente a introdução dessas diferentes tecnologias nos faz indagar: Qual a relação de uma pedagogia escolar da alfabetização com essas novas tecnologias na sociedade contemporânea? No caso da alfabetização, no contexto de uma cultura digital, quais seriam os problemas realmente novos? Quais são os problemas da aprendizagem da escrita e como eles podem ser superados ou modificados com a introdução de uma tecnologia como o computador? Qual a relação da instituição escolar com essas mudanças? Como essa questão se coloca para quem já se encontra alfabetizado nas primeiras letras e para quem aprende as primeiras letras, neste contexto?

No caso do sistema de escrita ocidental, temos na alfabetização uma forte estabilidade no conteúdo a ser ensinado e na capacidade exigida dos alunos: conforme já foi dito, trata-se de ensinar o aprendiz a compreender as relações entre a pauta sonora e sua representação gráfica e aceder ao seu significado e sentido. Este é um problema que está posto antes das novas tecnologias. O que pode se apresentar como um novo problema, nesse sentido? É possível que uma das consequências esteja ligada ao aprendizado de novas formas de registro e de inscrição no texto.

Na história das práticas de alfabetização, verificamos que, aliada à disseminação de novos artefatos, temos uma grande valorização da cultura manuscrita cursiva. Se, para efeitos de leitura, os textos eram apresentados na escrita típica da cultura do impresso – a escrita descontínua – por outro lado, temos, para a escrita, forte tendência ao aprendizado de uma escrita contínua, típica da cultura manuscrita. E essa ênfase numa ou noutra forma, ou mesmo o ensino de uma diversidade de tipos de letra, relaciona-se não somente às decisões pedagógicas, mas aos modos de manifestação do escrito na sociedade.

A esse respeito, Batista (2002) verifica a circulação de livros impressos, produzidos pela técnica de litografia, em *letra manuscrita*, utilizados especificamente *para leitura*, que foram publicados até a década de 60 do século XX, no Brasil e em alguns países da Europa (Espanha e Portugal). O autor afirma que a manutenção de uma cultura manuscrita, sobretudo no Brasil, deve-se, entre outras determinações, às condições de baixa difusão do impresso, às baixas taxas de escolarização e à permanência das práticas de cultura manuscrita na vida social, o que gerava a necessidade de uma pedagogia que visava ao aprendizado progressivo da leitura de textos produzidos nessa prática social.

Do leitor iniciante era exigida uma leitura progressiva desses textos manuscritos, solicitando-se que lesse numa graduação que ia da decifração de textos de alta legibilidade até a decifração de textos com pouca legibilidade, que se localizavam ao final do livro. Por alguns dados apresentados por usuários desse período, há também a hipótese de que essas eram capacidades importantes para conferir habilidades de alfabetização.

Por outro lado, e mesmo num contexto de maior disseminação da cultura impressa, verifica-se, pela história do ensino das primeiras letras, que por longo período a escola continuou relacionando alfabetização com traçado de letras.

Assim, para além de um contexto em que os textos em escrita manuscrita não circulavam tanto para uso social, a escola parece ter mantido a exigência rígida de que os alunos dominassem uma escrita contínua, típica da cultura do manuscrito, transformando o aprendizado do traçado numa condição para a aprendizagem dos aspectos conceituais do sistema alfabético e ortográfico de escrita.

Esse tipo de cultura escolarizada dos tipos de letra não seria considerado problema de descompasso, desde que o ensino do traçado fosse tratado como ensino de uma forma cultural de existência e manifestação dos textos, a ser cultivada por seu valor histórico e cultural. Entretanto, em várias perspectivas metodológicas, essa capacidade específica foi colocada como prerrequisito para o ensino da leitura e da escrita.

Nos últimos anos, várias teorias vão relegar esse aprendizado do traçado para o seu aspecto marginal ao objetivo principal da alfabetização. É possível aprender a traçar as letras ao mesmo tempo em que se aprende o sistema alfabético de escrita, este inserido num contexto de uso, ou melhor, de letramento. Assim, para produzir escritas desde a entrada na escola, basta saber reproduzir os aspectos característicos que distinguem um grafismo do outro, desde que haja a mínima legibilidade. Para isso, tem-se eleito a letra manuscrita maiúscula, pelo fato de que esta produz menos equívocos: veja-se o traçado das letras *b* e *d*, em minúsculas, que apenas por uma mudança de posição se tornam *p e q*, e a diferença quando o traçado é em minúscula: B e D.

No entanto, do ponto de vista cognitivo, quando o aprendiz precisa pensar sobre qual letra representa um segmento sonoro e ainda dar conta de seu traçado, para inscrevê-la num suporte, as possibilidades de acúmulo de duas tarefas correlatas e, ao mesmo tempo, separadas podem trazer desafios cognitivos duplos para a alfabetização: saber, ao mesmo tempo, o que são as letras, como grafá-las e ainda saber o que representam como sistema. Por oposição à atividade de recepção dos textos na leitura, a atividade de escrita seria, então, uma tarefa produtiva que demandaria mais esforço.

Quando se libera o aprendiz do traçado, tal como na digitação, os desafios cognitivos podem ser de outra ordem. Assim, a disseminação da produção de alfabetos em papel pelos professores e sua fabricação em outros materiais, como plástico, para serem utilizados pedagogicamente, não é apenas uma questão de escolha de tipo de letra ou de outro material pedagógico para variação de recursos em sala de aula. Os diversos exemplares de letras soltas dão ao "escriba" a possibilidade de manuseá-las e de manipulá-las cognitivamente, como objeto. Para um conjunto de letras dado, é possível produzir diferentes palavras, desde que se modifique a sua ordem. Esse é um jogo de linguagem muito apreciado pelas crianças e opera com um aspecto formal que ressalta a constância entre a letra e sua representação sonora, independentemente do significado. Mas também é possível pensar em outras formas de "inscrição".

Emilia Ferreiro (1996) discute a revolução informática e os processos de leitura e escrita na sociedade. Após várias considerações sobre a história dos suportes e das formas de registro da escrita no papel e suas modificações na cultura escrita, apresenta, entre as consequências específicas relacionadas às modificações no ato de ler e escrever, em sentido amplo, algumas relacionadas aos grafismos:

> Não é possível que se instaurem debates acalorados pró e contra as virtudes e inconvenientes de tal ou qual tipo de grafias (contínuas ou descontínuas) em uma época em que a urgência maior é introduzir os estudantes ao teclado... o computador permite uma nova aglutinação: o autor das marcas pode ser seu próprio editor. No teclado tem à sua disposição uma grande quantidade de tipos de caracteres. Antes tinha havia quatro opções: maiúscula/minúscula, sublinhado ou não. Agora pode variar o tamanho e tipo dos caracteres. Pode inserir desenhos ou quadros e pode enviar diretamente seu disquete à impressora. Em outras palavras: o autor intelectual e o autor material se completam agora com o editor material. (p. 263) (Tradução livre)

Como efeitos na e para a escola e, consequentemente, para a pedagogia da escrita, a autora menciona a falta de sentido de uma leitura em voz alta de textos desconhecidos numa época em que, num fluxo de informações e texto, é necessário eleger e recortar a informação relevante – capacidades referidas ao que podemos chamar de *letramento digital*. A autora também ressalta que a cópia – ofício de monges medievais – não pode ser considerada o protótipo de escrita na época do xerox.

Podemos acrescentar que não se trata apenas de abandonar a discussão de tipos de letra e ressaltar sua presença em novos artefatos, mas também de produzir novas indagações sobre os significados da introdução de uma cultura diferente da manuscrita e da impressa em papel, para a sociedade e para a escola, sobretudo para a alfabetização inicial.

Para relacionar a escola e suas práticas de escrita com as novas tecnologias, a pesquisadora sugere uma transição interessante: não se trata de aguardar que os computadores cheguem à escola. Na falta destes, pode-se buscar um tipo de instrumento que se assemelhe aos seus modos de escrita: o teclado das máquinas de escrever. Discutindo a utilidade desse instrumento, considera:

> as crianças podem iniciar suas primeiras tentativas de escrever com todos os meios materiais à sua disposição. A máquina de escrever é um deles e não compete com o lápis, é seu complemento. Porém, escrever à máquina tem um prestígio e uma nitidez que a escrita de um escritor principiante não consegue... quando um texto é produzido à mão, é discutido em grupo e logo se passa à máquina, surgem perguntas e discussões sobre problemas ortográficos que dificilmente surgem em outros contextos. O texto batido à máquina adquire, por sua própria natureza, um caráter público e então se justificam perguntas sobre se "vai junto ou separado", se "vai com ou sem acento", se "leva maiúsculas" e outras semelhantes. (p. 265)

Constata-se, pelas considerações da autora, que a introdução de um novo artefato da escrita não é apenas a decisão de introduzir um recurso didático, mas decorre de modos de pensar e de registrar a escrita que vão possibilitar o surgimento de questionamentos sobre o próprio sistema de escrita. Se o teclado da máquina de escrever pode levar a experimentações livres, que libertam o ato de grafar, uma vez que as letras estão à disposição e basta tocá-las, isso não significa que o ensino da digitação seja produzido pela escola na mesma proporção. Trata-se, primeiro, de "inscrever" e, junto, apropriar-se da mecânica do instrumento. O alfabetizado que aprende a digitar é diferente do aprendiz das primeiras letras (e dos primeiros textos!) que digita enquanto aprende a registrar um sistema.

Entretanto, diferentemente da revolução causada pelo lápis, que permite, ao mesmo tempo, o apagamento e a permanência de um traçado no papel e de uma pequena "revolução pedagógica" na alfabetização, que é a adoção do trabalho com letras móveis, a escrita no teclado da máquina de escrever não permite a mesma mobilidade e nem a mesma experimentação. Traz problemas cognitivos de outra ordem e não permite tanta reversibilidade, uma vez que o que está escrito não pode ser apagado nem alterado no momento mesmo da escrita. No entanto, essa prática introduz o aprendiz num gesto de escrita que permanece no computador.[2]

Assim, poderíamos indagar: Se não dependêssemos de condições de acesso mais universal e pudéssemos introduzir o teclado do computador, que efeitos isso produziria na pedagogia e na aprendizagem?

Tecnologias digitais: o domínio de novos gestos na alfabetização

Constatamos, hoje, que temos vários alfabetizados que podem ser considerados analfabetos digitais. Talvez eles tenham conhecimento das práticas sociais de uso dessa tecnologia, compreendendo diversos usos e funções, mesmo sem operar diretamente com a máquina. Essa é a situação, por exemplo, de vários professores brasileiros que ainda não dispõem das

---

[2] Emilia Ferreiro tem defendido a ideia do uso de máquina de escrever como uma possibilidade de familiarização de crianças com esse modo de escrever, ressaltando que, na ausência de computadores, as máquinas já em desuso poderiam ser doadas para escolas, possibilitando algumas explorações.

condições de acesso, mas compreendem os usos sociais desse suporte e da linguagem multimídia. Neste caso, o termo *analfabetismo digital* poderia ser utilizado para já alfabetizados que não alcançaram o domínio dos códigos que permitem acessar a máquina, manuseá-la e que, portanto, não podem utilizar seus comandos para práticas efetivas de digitação de texto, leitura e produção de mensagens para efeitos de interação à distância ou para uma leitura de informação ou mesmo de leitura e escrita de outras linguagens (visuais, por exemplo).[3]

Consequentemente, cabe ressaltar que o conhecimento dos usos, numa sociedade em que a tecnologia está disseminada nas imagens da mídia e no cotidiano dos centros urbanos, antecede uma alfabetização digital de crianças e adultos. Por outro lado, pode-se afirmar que a aprendizagem dos gestos dessa nova escrita é uma forma de "alfabetização" necessária para que o escritor/leitor se torne usuário efetivo da tecnologia. Para isso, é preciso garantir o aprendizado de alguns usos da máquina, ensinando alguns códigos desse novo artefato: é necessário que se aprenda o que é um *mouse*, o funcionamento do teclado, os códigos para inicialização, gravação e término da tarefa, entre outras habilidades.

Para crianças, o aprendizado que garante esse uso é favorecido pelo nível de iconicidade presente na tela que, muitas vezes, passa ao largo de um conhecimento prévio da escrita. Isso aproxima a alfabetização via computador de um tipo de alfabetização audiovisual.

Para as crianças que se iniciam nessas práticas, podemos pensar numa simultaneidade profícua e talvez vista como tortuosa por nós, que fomos aculturados na escrita perene do impresso. É possível que, ao mesmo tempo em que compreendem os usos, possam também operar com a tecnologia da escrita (adquirindo gestos e automatismos) e aprendam

---

[3] Belmiro *et al.* (2003) discutem o mesmo para o caso de letramento visual e da alfabetização visual, afirmando que as pessoas podem ser letradas visuais, mas analfabetas visuais, no sentido de domínio de um código específico.

o conceito de representação da escrita, para digitar ou ler o que necessitam para uso social? O que pode representar a forma renascida de instabilidade dos textos na tela, para o aprendiz? O que significa seu apagamento? E sua reversibilidade e seu movimento?

Num exercício pedagógico que se volta para hipóteses plausíveis é que se apresentam algumas alternativas que considero possíveis de serem produzidas pela existência dessa nova tecnologia e de suas linguagens. Antes de mais nada, convém ressaltar que se supõe, como nas situações que envolvem o uso do manuscrito e do impresso, que as crianças possam utilizar o computador para interagir, para trocar correspondências, para buscar informações e tudo que essa nova cultura permite. Trata-se, então, de um letramento digital. Essa é uma condição que pode, inicialmente, não depender da capacidade de escrever autonomamente. Para isso, um adulto ou o professor é que seriam os escribas que registrariam ou leitores que oralizam o texto para o aprendiz.

No entanto, podem ser incentivadas capacidades de acionar comandos apenas para *ver* e *ouvir* histórias, para *ver* e *ouvir livros* de poesias. Analisando CDs que acompanham livros de poesias e de histórias, do ponto de vista das linguagens que trabalham e de sua organização semiótica, Sônia Queiroz (2001) faz uma crítica a um pressuposto de alfabetização como condição para usufruir das linguagens multimídia e sua análise nos previne contra alguns perigos de uma pedagogização:

> o valor atribuído normalmente ao signo lingüístico, privilegiando a palavra escrita, desloca-se para interações que surgem dos espaços intermediários gerados por uma linguagem hipertextual. A capacidade de leitura depende da habilidade topográfica do novo leitor, ao deslocar-se pela multiplicidade instável, característica da mídia eletrônica e digital. Nesse universo labiríntico, perder-se pode ser a melhor forma de se encontrar. Cada um diante das telas eletrônicas da TV ou do computador está exatamente onde está, o que não depende do grau de alfabetização ou da capacidade de decifrar signos lingüísticos linearizados.

> O fluxo característico da imagem eletrônica assemelha-se tanto ao funcionamento das nossas redes neurais como metaforiza as redes de conexão entre os fatos, as pessoas e as coisas do mundo. Se observarmos bem o funcionamento destes meios, a começar pelos simples aparelho de TV, encontraremos neles as lições do seu "modo de usar". As crianças e os artistas são os primeiros a perceber isso. (p. 197-198)

No entanto, essas possibilidades também podem indicar novas pedagogias que não tomem todo e qualquer uso como objeto de ensino, mas que possam se aproveitar pedagogicamente da confluência de diversos recursos multimídia

O oral, a imagem e o escrito

Os movimentos entre o oral e o escrito que conhecemos até o momento atual demonstram não uma oposição, mas um contínuo entre os modos de utilização dessas linguagens. Historicamente, verifica-se uma oralidade que antecede o escrito, outra que se faz presente nele e desdobra-se numa oralidade secundária, já perpassada pelo modo escrito de enunciação. Na escrita, vislumbramos inúmeras transformações relacionadas às formas de inscrevê-la em suportes, às maneiras de organizá-los em rolos, em códex e outros formatos, às alterações entre uma cultura do manuscrito e uma cultura do impresso, com suas diferentes instituições que produzem, regulam, legislam sobre direitos, decidem formas de distribuição, etc.

A chamada *revolução numérica*, presente na cultura digital, parece juntar novamente uma série de códigos num novo suporte, tornando mais complexas as relações entre os termos oralidade e escrita, possibilitando a existência de textos híbridos entre essas duas modalidades, como aqueles presentes nas comunicações *online*. Note-se também a introdução de oralizações e outros sons junto aos textos, além da presença forte de um processo de iconização que apoia os textos orais e escritos, já presente antes em outras mídias eletrônicas e mesmo em impressos.

A descrição feita por Sônia Queiroz (*op. cit.*) sobre a forma de apresentação da história *Le petit poucet*, publicada na França, em livro e *CD-rom*, permite verificar que, mesmo sem objetivos pedagógicos específicos, além do de poder usufruir de histórias, o material por ela analisado aciona várias habilidades de uso:

> a primeira tela do cd-rom é uma folha de rosto convencional: título, autor e ilustrador. Emoldurando este texto, umas pedrinhas, que remetem à primeira proeza do Pequeno Polegar... Na navegação do cd-rom, as pedras conduzem a vários caminhos, à escolha do leitor: um seixo acima do título acessa o "sumário"; um outro abaixo do título, à direita do nome do autor, acessa texto sobre Charles Perrault; um abaixo do nome do ilustrador acessa texto sobre Gustave Doré. Um monte de seixos do lado da palavra *jogo* acessa um jogo interativo em que o leitor é convidado a relacionar a imagem e a voz de diversos animais. No convite feito pelo personagem Pequeno Polegar, representado pelo menino ator, – "Escuta estes sons!" – podemos perceber, de um lado, uma referência aos ruídos da floresta onde as sete crianças são abandonadas, mas de outro, em metalinguagem, um apelo ao desenvolvimento da sensibilidade auditiva, para ouvir a voz... (p. 180).

A autora ressalta a continuidade do impresso na tela, com signos que remetem à cultura do impresso, a introdução da imagem fixa e em movimento, a última lembrando o cinema, e a convergência com o narrar pela voz, o que remete à cultura da oralidade.

Não enfatizando o caráter de rompimento, mas o de hibridismo e continuidade, respeitando a complexidade histórica, cultural, sociológica e política de disseminação e construção desses modos de comunicação e registro é que destacamos – com riscos de simplificação – o potencial de, pelo menos, três recursos para o ensino inicial da escrita no contexto das novas tecnologias: o som (e nele a voz), a imagem e a escrita.

Diferentemente do livro didático, o computador como recurso multimídia oferece possibilidades de exploração pedagógica de uma simultaneidade de linguagens que pode conduzir a determinadas análises da linguagem escrita no processo de alfabetização. Assim, não poderíamos deixar de ressaltar que seu uso pedagógico pode ser incentivado e que alguns programas podem ser criados com a intenção de ensinar a ler e a escrever.

Uma primeira pista pedagógica refere-se à necessária compreensão das relações do escrito com determinados aspectos da fala. Numa sala de aula convencional, é comum que os professores leiam em voz alta histórias e solicitem que os alunos acompanhem com o dedo o texto oralizado. De outro modo, quando escrevem num quadro um texto ditado pelos alunos, os alfabetizadores fornecem informações sobre a ligação entre o falado e o escrito, solicitando que oralizem o texto e confiram se o que foi "falado" está registrado, numa leitura de confirmação.

Essas condutas pedagógicas são utilizadas para que os alunos relacionem o escrito com o falado, mesmo quando não sabem ainda relacionar cada segmento sonoro a uma representação convencional gráfica. Assim, relacionar o escrito com o oral é um problema conceitual que precisa ser desvendado e provocado, para que possam ser compreendidas, em nível mais aprofundado, as relações entre os fonemas e os grafemas.

Se uma criança pode acionar um comando que permite ouvir e visualizar, simultaneamente, histórias e outros textos narrados com a apresentação sincronizada da sua escrita na tela, talvez possam perceber melhor essa relação. Mais uma vez, ressalta-se que essa abordagem não esgota nem substitui todas as possibilidades de análise do sentido que o trabalho com uma narrativa suscita.

De outra forma, se, para ouvir histórias, é necessário clicar num título que se identifica por reconhecimento global e instantâneo, estará sendo utilizada uma estratégia que permite ler rapidamente palavras conhecidas que podem servir de suporte para ler e escrever outras, sobretudo quando essas habilidades de pesquisa de indícios for incentivada.

Assim, um ícone de título de história pode levar também a outro ícone com uma galeria de nomes de personagens que podem ser explorados analiticamente em jogos ou desafios, que podem se utilizar de instruções dadas por escrito e oralmente. Por exemplo, como desdobramento de uma primeira lista de personagens pode-se eleger a palavra *Rapunzel*, apresentada sem a primeira letra e com o desenho do personagem correspondente. As crianças poderiam buscar, num rol de letras afixado numa coluna à parte, a que melhor corresponde para aquele lugar. A cada opção escolhida, a palavra poderia ser oralizada no programa. Dessa forma, quando a criança seleciona a letra *p*, no lugar da letra *r*, a palavra *papunzel* seria sonorizada, fazendo da situação um momento de aprendizado da manipulação de letras e de diversão. Para esse tipo de atividades podem ser eleitos diferentes segmentos além das letras, como sílabas finais e iniciais e sufixos. Assim, ao ato de ouvir histórias da cultura escrita seria acrescentado um outro objetivo pedagógico para que se realizem, também, algumas abordagens formais. Juntam-se, então, significado e significante, uso e análise, em tempos próximos ou simultâneos.

Outra possibilidade é a de usar pedagogicamente o desenho e outras imagens, como fotografias, pinturas, imagens em movimento, etc. Poderiam ser escolhidas frases de histórias com suas respectivas cenas, para possibilitar que o aprendiz relacione legenda e texto, exercitando, para isso, o conhecimento de alguns aspectos formais. Se, numa cena, ele vê o desenho de uma floresta, pode identificar a frase correspondente pelo conhecimento de determinada letra (*f*, de floresta, ou o segmento *co*, de coelhinho), elegendo, assim, a frase possível para representar a cena. Com a oralização da frase pelo programa o aprendiz tem a possibilidade de conferir e tentar "reler" o texto, acompanhando com o *mouse* a direção da leitura.

Podemos supor que apareçam palavras do universo dos textos lidos para serem completadas com letras ou sílabas. Nesse caso, diferentemente da atividade anterior, em que a letra ou as sílabas já estariam disponíveis num rol, exige-se que o aprendiz use o teclado para fazer experimentações. A cada experimentação, que pode ser em torno de letras, de sílabas ou da ordem dos caracteres, poderia aparecer um desenho correspondente (com representação visual para palavras existentes) e sonorizações que permitam verificar o absurdo de algumas combinações, com movimentos e dissoluções gráficas para indicar casos improváveis de combinações. Nesse caso, a reversibilidade e o movimento presentes na tela possibilitam diferentes incursões e a manipulação do sistema, que se converte num objeto a ser modificado. Num conjunto de caracteres, um outro jogo/exercício possível seria de ir "digitando", numa lista, todas as palavras com sentido produzidas pela criança a partir de um conjunto de palavras retiradas da história e suas respectivas letras.

Como já foi mencionado, o ato de liberar-se do gesto de produzir um traçado num papel – já que as letras estão disponíveis no teclado e basta escolhê-las e tocá-las – talvez possa reduzir o nível de dificuldade da tarefa para o aprendiz, favorecendo a identificação de caracteres e seu correspondente registro fonológico, mais do que seria possível na escrita com outro instrumento.

Habilidades como observar, comparar escritas para ver o que muda entre uma palavra e outra, identificar caracteres podem ser sugeridas a partir da introdução de apenas uma alteração num sinal gráfico, com desenhos que deem suporte ao sentido. De outra forma, apresentar palavras inteiras que podem servir de indícios para consulta e gerar a escrita de inúmeras outras, previamente determinadas por ilustrações, pode ser uma ótima atividade.

O que uniria um conjunto de atividades? Um tema, uma ação, uma história, uma investigação num projeto de estudo, a resolução de um mistério.

Ressalta-se que um tipo de escrita livre no teclado e leitura também podem e devem ocorrer em experimentações não dirigidas,[4] talvez avaliadas pelo professor e por colegas que estejam participando junto, e isso nos obriga a pensar na qualidade das interações produzidas no aprendizado. Não é somente um meio interativo que deve ser ressaltado, mas a qualidade das interações entre quem participa, seja ouvindo coletivamente histórias, seja jogando ou resolvendo junto desafios, seja escrevendo e lendo espontaneamente.

Diferentes parâmetros relacionados aos modos de realização das atividades podem ser pensados: o da atividade livre ou dirigida, com colegas ou professor ou outro adulto, com ajuda de outro ou autonomamente, podem ajudar o professor a diversificar modos de utilização, em sala de aula e em outros espaços, desta tecnologia.

Contar com a simultaneidade de recursos, como o oral, o escrito e a imagem fixa e em movimento, talvez seja uma grande novidade que permite o comando oral para que o aprendiz possa entender: as regras das atividades, a realização de autoavaliação pelo confronto de hipóteses entre "acertos" e "erros", possível de ser materializada na tela com as múltiplas linguagens de que dispomos.

Em síntese, para o aprendiz iniciante, com a utilização de novas tecnologias seriam adquiridos outros gestos de escrita, que podem conviver com os gestos típicos da cultura manuscrita. Com essa tecnologia podem também ser explorados conhecimentos sobre o sistema alfabético e ortográfico de escrita passíveis de se tornarem ainda mais significativos não apenas pelo que têm de lúdico ou desafiante, mas pelos usos que suscitam, uma vez que podem partir das atividades que envolvem leitura e escrita em sua inteireza. E que tal começar

---

[4] Diferentemente de um meio interativo a ser usado individualmente, que corre o risco de assemelhar-se a uma técnica de estudo individual denominada instrução programada, que se baseava na mecânica do estímulo/resposta, bastante divulgada na década de 70 do século XX.

essas explorações por um comando da oralidade, que toca num aprendizado ancestral e anterior, que seduz à audição de uma história por inteiro e que, no dizer de Sônia Queiroz, remonta às fórmulas típicas das narrativas africanas: "escutem esta história", "me emprestem seus ouvidos"?

REFERÊNCIAS

BATISTA, Antonio Augusto. Paleógrafos ou livros de leitura manuscrita: elementos para o estudo do gênero. Memória da Leitura, Campinas, SP: Instituto de Estudos da Linguagem. www.unicamp.br/iel/memoria/ensaios. 2002

BELMIRO, Célia *et al.* Imagens e práticas intertextuais em processos educativos. In: PAIVA *et al. Literatura e letramento*: espaços, suportes e interfaces. Belo Horizonte: Autêntica, 2003.

CHARTIER, Roger. *A ordem dos livros.* Leitores, autores e bibliotecas na Europa entre os séculos XIV e XVIII. Brasília: Editora Universidade de Brasília, 1994.

CHARTIER, Roger. *A aventura do livro.* Do leitor ao navegador. São Paulo: UNESP, 1998.

CHARTIER, Roger. (Coord.) *As utilizações do objeto impresso.* Algés: Portugal: Difel, 1998.

CHARTIER, Roger. *Os desafios da escrita.* São Paulo: UNESP, 2002.

COSCARELLI, Carla. (Org.) *Novas tecnologias, novos textos, novas formas de pensar.* Belo Horizonte: Autêntica, 2002.

FERREIRO, Emilia. La revolución informática y los procesos de lectura e escritura. *Avance y Perspectiva.* V. 15. Septiembre-octubre, 1996, p. 260-267.

FRADE, Isabel Cristina Alves da Silva. Aproximações entre Educação e Comunicação. *Presença Pedagógica.* V. 7, n. 41. set/out. 2001, p.58-67.

LÉVY, Pierre. *Cibercultura.* São Paulo: Editora 34, 1999.

QUEIROZ, Sônia. Poesia em imagens, sons & páginas virtuais. In: MARINHO, Marildes. *Ler e navegar.* Espaços e Percursos da Leitura. Campinas: SP: Mercado das Letras, 2001.

RAZZINI, Márcia. Livros, objetos e práticas escolares em exposição. 2003. (Mimeogr.)

SOARES, Magda. *Letramento*. Um tema em três gêneros. Belo Horizonte: Autêntica, 1998.

SOARES, Magda. Novas práticas de leitura e escrita: letramento na cibercultura. *Educação e Sociedade*. V. 23, n. 81, dez. 2002, p. 143-162.

SOARES, Magda. A reinvenção da alfabetização. *Presença Pedagógica*. V. 9, n. 52. jul/ago, 2003. p. 14-21.

TYNER, Kathleen. Conceptos clave de la alfabetización audiovisual. In: *La revolución de los medios audiovisuales*. Educacíon y nuevas tecnologias. Madrid. Ediciones de la Torre, 1996.

VIDAL, Diana; ESTEVES, Isabel. Modelos Caligráficos Concorrentes: as prescrições para a escrita na escola primária paulista. (1910-1940). In: PERES, Eliane e TAMBARA, Elomar. *Livros Escolares e Ensino da Leitura e da Escrita no Brasil*. (Séculos XIX e XX). Pelotas: Seiva, 2002, p. 117-138.

VIDAL, Diana; GVIRTZ, silvina. O ensino da escrita e a conformação da modernidade escolar: Brasil e Argentina, 1880/1940. *Revista Brasileira de Educação*. n. 8, maio/jun/jul/ago, 1998, p. 13-30.

Capítulo 5

EDUCAÇÃO E NOVAS TECNOLOGIAS: UM OLHAR PARA ALÉM DA TÉCNICA

Otacílio José Ribeiro

Pode-se perceber, na atualidade, uma dependência total do homem em relação à máquina e à tecnologia para sobreviver. O mundo é marcado pela inteligência artificial, sendo a dependência uma de suas características. O homem cede espaço para a construção de um sujeito coletivo que, aos poucos, toma o lugar das subjetividades e individualidades. O sujeito é o elo de uma teia de relações, formando um ecossistema, no qual, sozinho, não é ninguém. O indivíduo carrega em si um sistema aberto que deve propiciar um trabalho incessante e interativo.

A ideologia atual, enquanto expressão dos fatos sociais e econômicos, principalmente, cria a necessidade de um ser humano transversalizado, com visão holística, de totalidade, que possa operar e gerir um projeto de educação em que se veja o conhecimento como processo, como rede, que solicite a "existência de flexibilidade, plasticidade, interatividade, adaptação, cooperação, parcerias e apoio mútuo" (MORAES, 1997, p. 25) e que, acima de tudo, respeite as diferenças individuais.

Precisa-se, hoje, de um pensamento que compreenda a tecnologia como parte de um momento histórico: a tecnologia é parte desta história e está interligada à formação e à construção do sujeito. "A tecnologia faz parte desse contexto não como algo de fora, mas como parte de um todo em que o homem cria, recria e se beneficia da sua própria realização e das demais colocadas na sociedade" (GRINSPUN, 1999, p. 19). Os fatos e problemas sociais, políticos e econômicos fazem surgir ou pedem para si mesmos um novo tipo de tratamento ou técnica, ao mesmo tempo em que essas técnicas fazem surgir outros tipos de atrações. É preciso apelar para a consciência histórica dos homens; é preciso ter compromisso com a história. Essa tomada de consciência exige uma "inserção crítica na história"; solicita que os homens assumam o papel de sujeitos que fazem e refazem o mundo. Exige que os homens criem sua existência com o material que a vida lhes oferece..." (FREIRE, 1980, p. 26).

Em face da realidade presente, Freire (1980) propõe um movimento de conscientização que redunda na atitude crítica dos homens diante dos novos bosques da educação e da tecnologia. Conscientização é ação e reflexão: somente o homem é capaz de tomar distância frente ao mundo; somente o homem é capaz de se distanciar do objeto e admirá-lo. Esse é um viés libertário da educação; um exercício de liberdade.

O ato de conhecimento, a aproximação crítica da realidade faz com que se tome a educação como um direito. Essa é a dimensão ética da educação. A informação e o conhecimento não podem ser consumidos ou ter sua apropriação de forma exclusiva (LÉVY, 1996). A educação deve estar a serviço da humanidade para sua emancipação e não para a sua destruição, apropriando-se do largo leque de novas possibilidades que a técnica oferece, num movimento de inclusão de todos e não somente de um pequeno número selecionado ou percebido por alguns atores sociais (LÉVY, 1996).

O progresso das novas tecnologias gera uma cultura informatizada, com hábitos intelectuais de simbolização, formalização do conhecimento e manipulação de signos e de representações. Os meios eletrônicos trazem uma parafernália de equipamentos informáticos. O hipertexto é uma realidade palpável, possibilitando uma leitura interativa de textos que misturam as linguagens audiovisual e pictórica, entre outras. Os *softwares* levam a realidade à simulação (Lévy, 1994).

Dentro de uma perspectiva sociocultural de análise, este texto visa a reconhecer a tecnologia enquanto importante instrumento para o desenvolvimento; essa mesma tecnologia propõe novas formas de organização, leitura e inserção na sociedade. Considerando a sociedade um organismo marcado pelo digital, novas formas de leitura devem ser consideradas, a fim de que se detone um processo educativo de alfabetização e letramento significativo, que leve em conta a multiplicidade tecnológica que hoje se apresenta e que não pode ser negada. Em especial, busca-se, aqui, tecer considerações sobre o papel fundamental das interações no processo de aprendizagem.

O lugar das interações no bosque da educação e das novas tecnologias

O princípio da dinamicidade, proposto por Lévy (1996), bem como o conhecimento em rede colocam para os sujeitos, em particular os sujeitos escolares, a necessidade de se refletir sobre a interação homem/máquina. "A interação entre humanos e sistemas informáticos tem a ver com a dialética do virtual e do atual". Pode-se entender esse *atual* enquanto algo possível, estático, real e já constituído. O *virtual* é um convite à atualização, à percepção do que existe em potência, e não em ato. A dinamicidade permite que a tecnologia desqualifique "certas competências", fazendo "emergir outros funcionamentos", desencadeando conflitos, desbloqueando situações, instaurando "uma nova dinâmica de colaboração" (Lévy, 1996, p. 17).

A tecnologia traz em si uma "virtualidade de mudança que o grupo – movido ele também por uma configuração dinâmica de tropismos e coerções – atualiza de maneira mais ou menos inventiva" (Lévy, 1996, p. 17), ou seja, a técnica traz e provoca, em si mesma e nos usuários, ações e reações diferenciadas em face dos estímulos do desenvolvimento técnico e científico. Essa virtualidade tem a ver também com a incompletude humana, gerando a recorrente busca de atualização (Freire, 1980). A máquina desafia aquele que a utiliza, fazendo com que o homem se reveja, mude suas posturas e se eduque. Ao mesmo tempo, o homem percebe a necessidade de criar e de ampliar o instrumento, buscando novas formas de trabalho que aumentem sua capacidade e sua possibilidade de se desenvolver. A técnica permite ao homem postar–se diante de uma situação de maneira flexível, analisando situações, aproveitando de maneira criativa os casos fortuitos, conferindo sentido a mensagens ambíguas, formulando ideias novas.

A realidade dinâmica e virtual se apresenta de diferentes formas, nos mais diferentes estilos de texto. A leitura é um bem cultural que possibilita interação com esta realidade. Contudo, os seres humanos não foram alfabetizados formalmente para um tipo de leitura de imagens audiovisuais, marca da tecnologia atual. Esse texto, hoje, ainda é para pessoas privilegiadas. A grande maioria não o domina. De forma geral, enquanto tecnologia, o texto é um mecanismo para aumentar as possibilidades humanas de falar, mostrar, sentir, ver, ouvir e perceber; é a própria extensão da capacidade de comunicar e de entender do homem (McLuhan, 1964).

As tendências educacionais modernas apostam na possibilidade de se sair da fragmentação para uma visão inter- e transdisciplinar. As disciplinas não se contentam em atingir as interações ou reciprocidades entre pesquisas especializadas, mas situam essas ligações no interior de um sistema total, sem fronteiras estáveis. O contexto estabelece redes de conhecimento que apresentam características tais como: flexibilidade, plasticidade, interatividade, adaptabilidade, cooperação, parceria, apoio mútuo e auto-organização (Moraes, 1997). Cabe aos homens a problematização da situação pela qual se desvela a realidade e a sistematização dos conhecimentos de forma integrada. Exige-se, hoje, pluridisciplinaridade e uma maior integração dos conteúdos, além de uma mais ampla interação com a realidade.

Entende-se, aqui, a interdisciplinaridade como a síntese de duas ou mais disciplinas, transformando-as em um novo discurso, numa nova linguagem e em novas relações estruturais; é um conhecimento mais articulado, integrado e atualizado. Moraes (1997), citando Weil, defende que a transdisciplinaridade passa pelo reconhecimento da interdependência entre vários aspectos da realidade. O contexto, aqui, tem papel privilegiado e importante; é ele que define, por um lado, os objetivos, identifica o público-alvo, determina a escolha das mídias, o formato (linear ou não linear), a estrutura de produção e a elaboração do roteiro de ação. De outro lado, o que representa a realidade e seu contexto é o texto.

As maiores queixas ouvidas nas escolas (principalmente dos preceptores ou na educação de adultos) se referem a problemas com a interface: é apresentada uma linguagem icônica com a qual os sujeitos não estão familiarizados. Evidenciam-se também dificuldades em interpretar as metáforas, exigindo um profissional que lide apenas com isso.

Lida-se, hoje, com mídias básicas: texto escrito, imagens estáticas, imagens dinâmicas (vídeo, animação), som (música, efeitos sonoros, narração), hipermídia e realidade virtual. As novas mídias são representadas por *softwares*, *CD-roms,* aplicativos de internet (HTML, URML, QTVR, JAVA) e *Web-TV*. Porém, em todas as mídias, o importante é o elemento interatividade; sem ele não há alfabetização, uma das causas da exclusão digital.

Aposta-se que a vivência e a familiaridade com instrumentos tecnológicos podem trazer um diferencial no processo de formação dos alunos. Isso pode ser um fator positivo, já que a realidade moderna demanda, como uma das competências básicas, a capacidade de lidar com artefatos tecnológicos (PERRENOUD, 2000). Contudo, há de se repensar a relação de trabalho e o processo de aprendizagem, fazendo prevalecer uma atitude ativa, reflexiva e construtiva sobre o conhecimento escolar, não favorecendo que o *Word* substitua o lápis e a tela do computador, a folha de papel.

Princípios para uma prática educativa mediada pela tecnologia

Procura-se, aqui, em síntese, nos termos de Bates (2000), mostrar os princípios que devem ser observados dentro de um projeto ou uma prática educativa mediada pela tecnologia. Esses princípios devem levar em consideração um problema e uma necessidade, primeiramente. Esse problema deve ser tratado com método e analisado sob a perspectiva de um planejamento, buscando-se a participação do corpo docente, que dará suporte pedagógico e apresentará soluções. A busca por uma ferramenta tecnológica deve ser vista como forma de se revitalizar antigas ferramentas, uma nova aparência para melhorar ou estimular as metas de aprendizagem. Além disso, deverá agregar valor, inovando os programas e processos já existentes. A inovação está no investimento, na formação humana e deve trazer benefícios ao cotidiano, isto é, inovação e desafio. Há de se problematizar a situação e questionar, dentro de uma abordagem variada, os processos educacionais: Quais os ganhos do processo? Quais os ganhos dos alunos? Quais os ganhos dos professores? O que a tecnologia representa para a escola? Diante da tecnologia, não se pode considerar única e exclusivamente o impacto na educação, mas sua permanência e sua presença nos processos educacionais, repensando todas as relações humanas dentro da organização. Além de um uso claro e transparente, não se pode apresentar a tecnologia como *know-how* da instituição. A centralidade de todo o processo deve estar nos sujeitos e na sua relação com o conhecimento. Num segundo momento, deve-se investir na cultura interna da instituição, partindo-se para a externa posteriormente. Isso fará com que se invista nos processos de formação de pessoal, constituído por equipes multidisciplinares. Nesse momento,

O *design* educacional assume relevância e deve ser encarado de forma fundamental e responsável. Esse *design* requer uma pedagogia ativa, cooperativa, aberta para a cidade ou para o bairro, não deixando que o cerne do processo educativo seja o plano de curso. Requer-se, pois, princípios pedagógicos ativos construtivistas.

Corroborando esses princípios, Grinspun (1999) os ratifica ou apresenta outros. Tem-se, assim, pois, que a tecnologia não pode estar dissociada da educação: ela é parte integrante do processo educativo e não deve ser tratada isoladamente. Além disso, a tecnologia deverá estar presente não como apêndice, mas como realidade que não pode ser ignorada ou desconhecida, da forma mais humana possível. Logo, um projeto de educação tecnológica precisa ter intencionalidade e respaldo teórico. Ideologicamente, esse projeto deve preocupar-se com a formação do cidadão, pensando-o enquanto ser crítico, reflexivo, consciente e competente, sem deixar de pensar a escola enquanto célula da sociedade, a qual deve manter vínculos estreitos entre a realidade e a sociedade com todos os seus anseios e necessidades. Interdisciplinaridade, visão holística do homem (formação integral), mediação entre ciência e tecnologia, entre cultura e conhecimento, entre homem e sociedade devem ser características e preocupações desse projeto. Se tomarmos como princípio que ensinar é preparar para o futuro (LIMA, 1995), preparar para o futuro é levar o aluno, com os esforços dele, a resolver problemas e a tomar decisões por si próprio, desenvolvendo a autodisciplina, o autodomínio, a autonomia, a responsabilidade, a criatividade, a fluência verbal, a tomada de decisão, o aprender a aprender. Preparar para o futuro é viver bem o presente. Perrenoud (2000) mostra o processo de envolvimento dos alunos em suas aprendizagens e em seu trabalho, apelando para o desejo de aprender, para uma nova relação com o saber, dando novo sentido ao trabalho escolar. Todas essas características vão suscitar um processo de autoavaliação, dentro de um conselho de alunos. Além do mais, há de se ampliar o conceito de formação e de seus espaços, os quais se alargarão para além dos muros da escola. Há de se favorecer ainda a construção de um projeto pessoal do aluno: um projeto de vida, buscando resgatar a esperança.

No viés cultural, entendendo a cultura como rede de relações e de diversidade, espera-se que a tecnologia e a escola sejam fiéis à vida, sejam abertas e plurais. Há de se respeitar a diversidade e a pluralidade; há de se propiciar a comunicação entre os homens consigo mesmos, entre si e com o mundo que os cerca (Paz, 1991), não apenas preservando a individualidade, mas levando-se em consideração o coletivo. O que se procura é o desenvolvimento geral dos sujeitos escolares, quer seja no estabelecimento de novas relações, quer seja na capacidade de síntese, de organização e sistematização, expressando-se mediante múltiplas linguagens (incluindo-se a linguagem das novas tecnologias), numa interação ativa e crítica com o meio físico e social.

O objetivo da educação deve ser o de "preparar, ao mesmo tempo, para um juízo crítico das alternativas propostas pela elite e dar a possibilidade de escolher o próprio caminho" (Freire, 1980, p. 20). A educação – "em seu conteúdo, em seus programas e em seus métodos" – deve estar continuamente buscando e se adaptando ao fim que se persegue, ou seja, "permitir ao homem chegar a ser sujeito, construir-se como pessoa, transformar o mundo, estabelecer com os outros homens relações de reciprocidade, fazer a cultura e a história" (Freire, 1980, p. 39). A prática docente deve provocar uma atitude crítica e de reflexão que comprometa a ação.

Por uma educação emancipatória

A literatura de Lewis Carroll mostra um bosque onde todos os viventes são iguais. Ali a personagem Alice devaneia e se perde; perde, inclusive, sua identidade. "Este deve ser o bosque onde as coisas não têm nomes", cita Carroll (1976, p. 159). Há uma completa despersonalização e homogeneização.

A história de Alice suscita uma reflexão sobre a tecnologia enquanto instrumento de domesticação do homem. Como em Alice, com a tecnologia, há uma modificação do conceito de identidade pessoal: o sujeito hoje não é mais do que um número, representado por documentos e senhas. Não há mais necessidade da pessoa humana, que é substituída por códigos e sequências alfanuméricas. Modifica-se, com o avanço tecnológico, o conceito de calendário, datas, tempos e horários; não há limites. Diminuem-se as distâncias, alteram-se as relações espaço-temporais, independentemente da língua. A linguagem visual e simbólica permite a integração com outras culturas que não utilizam o alfabeto ou calendário ocidental – como em Alice, lá no bosque, no fundo do espelho.

No bosque da tecnologia, a educação deve garantir o resgate da identidade e da autoestima do homem, convertendo-se num instrumento de libertação. Hoje, como a personagem de Carroll, hesita-se em entrar no bosque da tecnologia por medo do desconhecido, do novo, do não poder voltar. Entrar no bosque requer coragem e persistência para se caminhar pelas veredas às vezes anônimas, frias, sombrias e úmidas.

O computador e a tecnologia podem ser um mito, mas um "trabalho humanizante não poderá ser outro senão o trabalho da desmitificação. [...] Por isso mesmo a conscientização é o olhar mais crítico possível da realidade, que a 'des-vela' para conhecê-la e para conhecer os mitos que enganam e que ajudam a manter a realidade da estrutura dominante" (Freire, 1980, p. 29).

A técnica não deve ser reduzida a um "conjunto de ferramentas para calcular, escrever, conceber e comunicar mais depressa e melhor". A questão não é avaliar a "utilidade" da técnica, "mas determinar em que direção prosseguir um processo de criação cultural irreversível" (Lévy, 1996, p. 85,86). A relação do homem com a máquina, aqui entendida como produto das novas tecnologias, não pode restringir-se à produtividade, nem a sua utilização, nem a um saber ou saber fazer. A relação deve-se pautar por uma atitude reflexiva, de conscientização do homem, que vive com e para a tecnologia. É necessário que se reconheça a importância das descobertas tecnológicas, para que não se fique parado no tempo; mas é necessário, também, que se resgate o sentido criador e produtor do homem, para, da tecnologia, fazer uma aliada, e não um mero "objeto de dominação ou até de alienação" (Grinspun, 1999, p. 18).

A máquina precisa do pensamento humano para se tornar ferramenta auxiliar no processo de aprendizado. É necessário integrá-la às mais diversas atividades, pois ela pode ser entendida enquanto instrumento de expansão do pensamento. Que sirva para envolver os estudantes em projetos práticos, desafiadores e que estimulam o raciocínio humano. Hoje, o papel da escola é ensinar a pensar, preparando o aluno para lidar com situações novas, problematizando, discutindo e tomando decisões. Sobretudo, cabe à educação resgatar o homem de sua pequenez, ampliando os horizontes, buscando outras opções, tornando as pessoas mais sensíveis e comunicativas.

Ao se pensar o processo pedagógico mediado pela tecnologia, não se pode esquecer que a centralidade da ação deve estar nos sujeitos, e não na técnica. Esse é um fato de ordem primitiva; é preciso ver primeiro as potencialidades do indivíduo; a máquina é apenas um instrumento. Deve-se preocupar com a emancipação do sujeito, favorecendo o desabrochar de seu potencial. A tecnologia só tem validade se for subordinada ao homem. É preciso um olhar para além da técnica, verificando-se o sujeito com seus anseios, sua existência, suas potencialidades e seus problemas; e, diante disso, reconhecer a tecnologia enquanto saber importante e que está a serviço do homem para o atendimento de suas necessidades.

Ad concluindo...

Nos jardins de Carroll, Alice, observando diálogos entre gatos, vê a necessidade de se estabelecerem regras semânticas para que haja compreensão e apreensão do falado para se continuar uma conversa. "Mas como conversar com alguém que sempre diz a mesma coisa?" (CARROLL, 1976, p. 245). Essa fala permite alertar aos habitantes do bosque da educação e das novas tecnologias para o indecifrável, para a ausência de comunicação. As tecnologias da informação e do conhecimento devem proporcionar a comunicação entre os homens, criadores e beneficiários do progresso tecnológico, acreditando-se na possibilidade de interagir com a realidade, procurando entendê-la. Esse é um princípio inicial e permanente. Pode-se entender aqui a comunicação enquanto processo de interação: homem/homem, homem/máquina, homem/meio social. Nesse processo, caso não se dominem as "regras semânticas", corre-se o risco de se ficar à margem dos acontecimentos, vivendo ou fenecendo na exclusão.

A educação, em particular a mediada pelas novas tecnologias, tem como compromisso ético propor a inclusão de todos em seus domínios e lutar por essa inclusão, buscando superar a alienação. As escolas devem buscar e possibilitar a formação da autoconsciência. A capacidade humana não tem limites. As descobertas e invenções, as novas tecnologias e o espaço virtual revelam a transcendência do homem. Mas essa transcendência só tem sentido pela realização e pelo confronto com a terra, a metáfora da realidade. Pode-se entender, a partir dessa perspectiva, o princípio colocado por Freire (1980), ao afirmar, para a escola, que toda ação educativa deve ser detonada a partir dos homens e de sua realidade, buscando a conscientização e uma verdadeira comunhão, que só podem ser alcançadas a partir do resgate do diálogo e da comunicação entre todos.

O processo de comunicação e conscientização é inacabado e traz uma continuidade, eterno desenrolar, eterna construção. O diálogo, principalmente o estabelecido com o processo histórico dos indivíduos, indica sempre novas diretrizes diante dos múltiplos problemas que a sociedade enfrenta. Os problemas revelam a necessidade de se atuar sobre a realidade social, buscando transformá-la. Isso implica interação, comunicação, diálogo e respeito. "Educador e educando, os dois seres criadores libertam-se mutuamente para chegarem a ser, ambos, criadores de novas realidades" (Freire, 1980, p. 10). O exercício da liberdade propicia a criação de novos valores e princípios, permitindo que se viva com autoconfiança, acreditando-se no poder de criação e de crítica. "O que caracteriza a passagem de uma época a outra é o fato de que aparecem novos valores que se opõem aos de ontem" (Freire, 1980, p. 39); mas essa passagem é gradual, dinâmica e demanda uma abertura para o outro, abrindo-se sempre para o entendimento das "regras semânticas" dos processos de comunicação e entendimento.

Comunicação, entendimento e conscientização facilitam lutar contra a exclusão social. A formação de cidadãos conscientes pressupõe a busca da identidade do ser humano por meio do autoconhecimento, favorecendo a procura cada vez maior da unidade do homem, na busca do conhecimento de si mesmo, desenvolvendo as capacidades de reflexão e de consciência (Moraes, 1997, p. 109). A finalidade da escola é buscar a "emancipação de sujeitos históricos capazes de construir seu próprio projeto de vida" (Moraes, 1997, p. 132).

Assim, tem-se na tecnologia, não só quando a serviço da educação, a possibilidade de fazer as pessoas dialogarem e interagirem, numa vivência de comunicação, vendo no próximo alguém que tem algo a dizer. A serviço da educação, as novas tecnologias devem servir como mediação pedagógica a partir de um projeto educativo, num diálogo efetivo com a realidade. É preciso, pois, promover canais de comunicação, potencializando a capacidade de leitura e escrita do aluno, socializando sua produção, avaliando os usos.

É chegada a hora de o ser humano exercer as características que o distinguem como ser racional, emocional e sensitivo, considerando seu posto de privilégio no mundo. Suas descobertas cada vez mais fantásticas, assombrosas e aceleradas permitem-lhe estender seu poder sobre o meio ambiente que o rodeia. Contudo, ressalta-se que essas descobertas só têm sentido se usadas para interagir, dando significado e qualidade social à relação com o próximo. O homem é autor de toda a parafernália tecnológica; ela é sua criatura; portanto, cabe somente ao homem assumir a responsabilidade de seu futuro e de suas obras.

Referências

BATES, A. W. *Managing Technological Change*. Strategies for College and University Leaders. San Francisco: Jossey-Bass Publishers, 2000.

BECKER, Fernando. *A Epistemologia do Professor*: O Cotidiano da Escola. Petrópolis: Vozes, 1993.

CARROLL, Lewis. *Aventuras de Alice*. [Trad. e org. de Sebastião Uchoa Leite]. Rio de Janeiro: Fontana/Summus, 1977.

FREIRE, Paulo. *Conscientização*: teoria e prática da libertação: uma introdução ao pensamento de Paulo Freire. [Trad. de Kátia de Mello e Silva]. São Paulo: Cortez & Moraes, 1980

GRINSPUN, Mirian P. S. Zppin (Org). *Educação tecnológica*: desafios e perspectivas. São Paulo: Cortez, 1999.

LÉVY, P. *As tecnologias da inteligência*: O futuro do pensamento na era da informática. Rio de Janeiro: Nova Fronteira, 1994.

LÉVY, P. *O que é o virtual?* São Paulo: 34, 1996.

LIMA, R. N. S. VILA, M. C. *Atividades Matemáticas que educam* (4v). Belo Horizonte: Dimensão, 1995.

McLUHAN, Marshall. *Os meios de comunicação como extensões do homem*. São Paulo: Cultrix, 1964 [d.p.].

MORAES, M. Cândida. *O paradigma educacional emergente*. Campinas: Papirus, 1997.

PERRENOUD, Philippe. *Dez novas competências para ensinar*. Trad. Patrícia Chittoni Ramos. Porto Alegre: Artes Médicas, 2000.

Capítulo 6

A ANGÚSTIA DA INTERFACE

Antônio Zumpano

O Senhor lhe apareceu numa chama de fogo que saía do meio duma sarça; e Moisés via que a sarça ardia sem se consumir.

Ex 3.2

Disse Deus a Moisés: Eu sou aquele que sou.

Ex 3.14

Preciso pagar algumas contas e entro em um estabelecimento bancário. Levo vários boletos na mão, procuro por um rosto em que a interface seja uma simples saudação: bom dia. O olhar para as lâminas de pagamento colocadas sobre um balcão entre nós dois seria suficiente para desencadear o processo. Esse rosto não existe e quem me olha são inúmeros paralelepípedos verticais com arestas aparadas: o *design* deve ser seguido. Tenho que falar com essas máquinas, tenho que ouvi-las. Elas serão capazes de olhar os boletos e efetuar os pagamentos, realizarão o meu desejo. Chamam isso de *informática*, que inevitavelmente estrutura nossa experiência.

Elementos estruturantes de experiências dos membros de uma civilização, comunidade ou de um grupo social são chamados *transcendentais históricos*. A tecnologia, sem dúvida, é um forte elemento estruturante, principalmente depois do século XVII, quando ciência e técnica se juntaram. As técnicas, tanto as antigas quanto as modernas, fazem parte da cultura, são valores, formam uma axiologia. A interlocução com o que a tecnologia produz constitui parte do letramento de um indivíduo. Nos tempos primeiros, a ação estruturante da tecnologia era lenta e previsível; nos tempos modernos, essa ação é veloz e pouco previsível. A interlocução (interação) também se torna mais complexa. Uma espada, uma roda ou um martelo não podem falar mais do que suas formas anatômicas revelam; a intencionalidade desses objetos já está ditada por suas anatomias, que também produzem a interface. Um computador pessoal ou um terminal de autoatendimento bancário (o usuário não percebe que a máquina é quem o está atendendo) são interlocutores difíceis, com interfaces complexas. O *modem* é um aparelho que transforma sinais digitais (dos computadores) em sinais analógicos que circulam em cabos telefônicos. O *modem* é, portanto, a interface analógico-digital que permite a comunicação com computadores via cabo telefônico. A interface homem/máquina necessita de um modem bem mais sofisticado. A interlocução não é mais ditada apenas por características anatômicas. O letramento não é mais espontâneo, demanda um *modem* de difícil fabricação. A rede digital se tornou um forte elemento estruturante de experiências, um transcendente histórico poderoso, como foram as navegações, a eletricidade, as ferramentas líticas, a agricultura, etc. São todos pedaços da pedra filosofal, que permite a transmutação dos metais, a transmutação do homem, da vida, das experiências; são todos pedaços do monólito do filme "2001 - Odisséia no Espaço", que viaja pelo espaço e produz evolução nos organismos vivos. Não quero, com essa metáfora, esboçar nenhum princípio de causa e efeito. Alguns grupos de pessoas fazem a técnica que transforma a sociedade e condiciona o pensamento. A sociedade, por sua vez, produz grupos de pessoas que desenvolverão novas técnicas. Difícil é sair da circularidade e definir causas. O mais prudente seria concordar com o que diz Pierre Lévy:

"A história das tecnologias intelectuais condiciona (sem no entanto determiná-la) a do pensamento". (Lévy, 1993, p. 19)

Antes da escrita, o falante e o ouvinte tinham que estar em um mesmo tempo e numa mesma vizinhança do espaço. A comunicação demandava o deslocamento do falante ou do ouvinte. A escrita fez uma proeza enorme: fixou o discurso e permitiu o afastamento entre ouvinte e falante, afastamento temporal e espacial. A fala foi fixada em um suporte que podia ser transportado e arquivado. A escrita fez surgir o arquivo. A comunicação não mais requer o deslocamento do falante; apenas o suporte da fala, o objeto que contém o texto escrito, precisa ser deslocado e arquivado. Com o arquivo, naturalmente veio o problema da indexação: o acesso às informações. Temos então a gênese do que modernamente chamamos de *hipertexto*. O feito grandioso da escrita é, portanto, a virtualização da fala. Virtual é algo que existe em potência e tende a ser atualizado. O exemplo clássico é a semente e a árvore. Uma semente é uma árvore em potencial, uma árvore virtual, que, se atualizada, transforma-se em árvore real. Outro exemplo é o conceito de energia potencial: um corpo suspenso possui energia potencial. Na queda, essa energia é atualizada em energia cinética; o corpo adquire velocidade. Podemos dizer que um corpo suspenso tem velocidade virtual. O texto escrito, seja qual for o suporte, é sempre virtual; o leitor atualiza o texto. Quando se abre um livro ou se acende a tela do computador, um texto pode ser atualizado por meio da leitura e interpretação. Quando lemos ou ouvimos um texto estamos atualizando-o. A essa capacidade de atualizar o virtual e de virtualizar o atual podemos chamar *letramento*.

Antes da informática toda dinâmica da comunicação ocorria em um espaço geométrico. O espaço do trânsito informacional era um meio geométrico, havia sempre um lugar, uma extensão, um *continuum*. Quero dizer, o espaço interativo estava preso à sua geometria. Os objetos produzidos pela tecnologia eram analógicos, isto é, suas ações eram proporcionadas por movimentos mecânicos que imitavam os movimentos naturais: um corpo se move em um espaço contínuo. Por exemplo, um relógio de ponteiro, uma máquina de lavar roupa, um automóvel, a eletricidade que circula nos condutores, uma máquina de escrever, um piano, um tear, uma roca, etc. A informática, além de aperfeiçoar o analógico, trouxe o mundo digital. Nesse sistema não há semelhança com o mundo físico, não existe ponteiro no relógio, não existe alavanca nem ponto de apoio. A informação não se processa por meio do movimento em um espaço geométrico contínuo, as variáveis no sistema digital são quantizadas, ou seja, existe uma quantidade mínima, uma mônada: não existe meio segundo em um relógio digital. Dígito significa dedo, que por sua vez está ligado à contagem, aos números naturais com sua unidade mínima: o número um. É um sistema discreto, em oposição ao *continuum* geométrico: não há número natural entre dois números naturais consecutivos; por exemplo, entre o três e o quatro; o quatro vem imediatamente após o três, deixando um vazio existencial entre eles. No *continuum* geométrico sempre existe um terceiro ponto entre dois pontos quaisquer de um segmento de reta, por mais próximos que estejam um do outro. No universo digital, reina a dicotomia, não são permitidos intermediários: ou é ou não é, pertence ou não pertence, sim ou não, positivo ou negativo, zero ou um. Temos apenas polarizações contrárias. O exercício da retórica se dá muito bem nesse mundo. A lógica, com seu princípio do terceiro excluído, também encontra perfeita acolhida. Com isso, a capacidade das máquinas de tomar decisões lógicas aumenta, bem como sua precisão. Porém, elas se afastam do espaço geométrico e apresentam maior dificuldade de interagir com o mundo exterior, com o meio ambiente. Um computador digital é, essencialmente, uma máquina manipuladora de símbolos. Devido a sua constituição interna, é comum, nos computadores, um alfabeto com apenas dois símbolos, que são distinguidos pelo sistema de várias maneiras: presença ou ausência de corrente elétrica no circuito, existência ou não de perfuração no cartão, polarização magnética num sentido ou no sentido oposto. Podemos, então, perguntar: Em que espaço ocorre a dinâmica da comunicação digital? Como essa máquina nos olha? A hibridez analógico-digital se torna necessária para a interação, mas como o espaço geométrico foi abolido, faz-se então uma simulação dele. A tela do monitor nos mostra uma simulação para que possamos interagir. O trânsito informacional se dá em um ciberespaço, um não lugar, e ninguém está do outro lado, na verdade, não existe outro lado; chamo isso de efeito Möbius. (No século XIX, Möbius construiu uma superfície de um só lado que tem o seu nome: a faixa de Möbius, obtida unindo as extremidades de uma fita depois de dar uma volta de 180 graus a uma delas. Pierre Lévy usa essa nomenclatura para denotar algo um pouco diferente do que mencionei aqui). (LÉVY, 1996, p. 24) Quando faço um pagamento pela Internet, a ordem é dada para a máquina que está conectada à rede, e ela mesma efetuará o pagamento. Não é uma ordem dada a outra pessoa. Para isso, temos o cheque assinado, o telefone ou o telegrama, que fazem apenas o papel do alvissareiro.

Falei sobre a escrita que virtualiza a fala e do suporte do texto (papel, papiro, pergaminho, tábua, barro, livro) que precisa ser deslocado e guardado, ou seja, os vários suportes do texto dependem do espaço geométrico. A informática simula esse espaço e essa simulação permite atualizar um texto. Não precisamos, em última análise, do espaço geométrico, precisamos apenas de sua simulação na tela do monitor. Podemos escrever, ler, fazer compras, vasculhar bibliotecas, tirar dinheiro, pagar contas, verificar extrato, etc. Portanto, a informática, com a Internet e os computadores, eliminou a dependência espacial, assim como a escrita eliminou a dependência temporal.

Olho para o grande paralelepípedo vertical. Qual será o significado que dará para minhas atitudes diante da tela e do teclado? O que vai me mostrar em sua tela? Qual simulação me apresentará? Certamente falará comigo. Saberei o significado do falante? Entenderei o que ele vai querer dizer com cada um de seus proferimentos? Isso dependerá de suas intenções, que possivelmente virão em resposta às minhas. Dependerá também do seu entendimento sobre o que eu vou querer dizer com minhas frases. Ele será capaz disso? De interpretar minhas intenções? A interface está instalada, o dispositivo que garante a comunicação entre dois sistemas: eu e ele. A angústia reside na incerteza da efetividade da interface e na dificuldade de identificar esse outro, de nomear quem fala comigo.

* Os conceitos tratados aqui fazem parte dos temas de discussão do grupo de pesquisa "Literatura, Rede e Saber Contemporâneo", registrado no Diretório dos Grupos de Pesquisa no Brasil do CNPq.

Referências

LÉVY, Pierre. *As tecnologias da inteligência.* Rio de Janeiro: Editora 34, 1993.

LÉVY, Pierre. *O que é o virtual?* Rio de Janeiro: Editora 34, 1996.

Capítulo 7

CONTRIBUIÇÕES DAS TEORIAS PEDAGÓGICAS DE APRENDIZAGEM NA TRANSIÇÃO DO PRESENCIAL PARA O VIRTUAL

Renato Rocha Souza

O papel dos novos meios eletrônicos de interação, para diversos aspectos de nossa atualidade, e suas implicações para o desenho de modelos de ensino e aprendizagem ainda são objeto de discussão corrente e acirrada. Poucas questões, entretanto, são tão urgentes como as indagações de como e quando ocorre a aprendizagem nesses novos ambientes; qual a qualidade e a pertinência dessa aprendizagem; e, finalmente, quais são os melhores espaços e tecnologias propiciadores para que essa aprendizagem se dê.

Segundo Benakouche (1998), "se existe um consenso a respeito das principais características das sociedades contemporâneas, este se refere à presença cada vez maior da tecnologia na organização das práticas sociais". Se ressalvarmos a imbricação entre os artefatos tecnológicos e as coletividades que os utilizam, transformam e por eles também são transformadas, podemos admitir que todo um panorama global atual tem sido possibilitado pela disponibilidade de tecnologias de interação de alcance mundial.

Numa perspectiva mais teórica, podemos observar que os dispositivos informáticos possibilitaram o surgimento de um terceiro e novo polo do espírito, marcado pela interação com as ideias nascidas da coletividade, por meio de hipertextos, estabelecidos nos novos suportes informáticos de mediação, em oposição aos polos do espírito primário – baseado na oralidade – e secundário – baseado na escrita e na imprensa (Lévy, 1993).

Com a abundância de novos espaços eletrônicos de interação e a explosão da educação à distância, há a tendência de que esses espaços sejam cada vez mais utilizados para facilitar a aprendizagem, sejam como suporte para distribuição de materiais didáticos, como complementos aos espaços presenciais de aprendizagem ou até mesmo como substratos inteiramente autônomos para suportar os modelos que estão recentemente sendo estabelecidos, e os que ainda estão por vir.

Muitos questionamentos atuais envolvem a determinação de como essas tecnologias de interação *online* e os espaços midiáticos de ensino à distância podem efetivar e garantir o sucesso dos programas formais de educação, mas também tem havido bastante interesse no aprendizado que acontece espontaneamente nos grupos de participantes de comunidades que surgem em torno de algumas tecnologias eletrônicas de interação, as chamadas *comunidades virtuais*. O fator comum entre esses fenômenos é a presença das novas tecnologias da informação e da comunicação, com a predominância dos espaços propiciados pela Internet. E talvez, por conta da presença de tantas construções tecnológicas da alta modernidade, tem-se investido na descoberta das novas dinâmicas, das "novas pedagogias do virtual", teorias de educação que deem conta de abarcar a interação entre pessoas mediada pelas novas tecnologias. Acreditamos, porém, que há farto material a ser aproveitado nas teorias pedagógicas que se estabeleceram no estudo dos ambientes presenciais de educação, como a influência do meio, do contexto, a qualidade da interação, a colaboração entre pares, entre outras descobertas, para melhor aproveitamento e entendimento das dinâmicas sociais dos ambientes virtuais.

Vamos apresentar algumas teorias pedagógicas, privilegiando aspectos que versam sobre características e condições cognitivas e ambientais relevantes para o aprendizado. As características escolhidas para exploração e comentário são, com certeza, cruciais no contexto maior das teorias que as apresentam e lhes auferem importância, embora existam, certamente, algumas outras que não serão aqui contempladas. Entendemos, porém, que essas características são significativas em relação à transição para o espaço de aprendizado suportado pelos ambientes virtuais, do mesmo modo que as teorias selecionadas para justificá-las.

Acreditamos que mesmo as teorias que se referem, de modo especial, ao aprendizado que ocorre nas fases do desenvolvimento cognitivo infantil e juvenil ou tiveram origens no estudo desse aprendizado – como é o caso de algumas mencionadas – podem ser extrapoladas para uma perspectiva e um escopo andragógicos, visto que os processos descritos são razoavelmente independentes de faixas etárias – embora talvez possam ser mais bem-observados nas primeiras etapas da vida.

Escolhemos relacionar o aprendizado aos seguintes aspectos:
• Socialização e Colaboração;
• Meio e Contexto;
• Construção e Significado.

Entendemos que são esses os componentes-chave do aprendizado nos ambientes e espaços eletrônicos de interação e os pontos em que se observa grande mudança em relação aos ambientes tradicionais de aprendizagem formal.

Socialização e colaboração

Em ambientes presenciais, a socialização que acontece entre pares advém de características circunstanciais, que são permitidas pela convivência e o compartilhar de espaços físicos. Em ambientes *virtuais*, as circunstâncias socializantes são menos devidas a um acaso geográfico do que à real comunhão de interesses. Isso é fator de estímulo à colaboração entre os pares, na medida que há grande possibilidade de escolha sobre com quem ou com quais interlocutores vamos interagir. A possibilidade de que aconteçam livres interações sociais entre indivíduos propicia o surgimento de ações conjuntas de grupos de pessoas, como o aprendizado colaborativo.

A aprendizagem colaborativa é uma atividade na qual os participantes constroem cooperativamente um modelo explícito de conhecimento. Do ponto de vista construtivista, o resultado mais importante do processo de modelagem não é o modelo em si, mas, principalmente, a apreciação e a experiência que se obtêm enquanto se articula, se organiza e se avalia criticamente o modelo durante seu desenvolvimento. Para tanto, um processo colaborativo deve oferecer atividades nas quais os participantes possam submeter qualquer parte de seu modelo – incluindo suas suposições e pré-conhecimentos – a um escrutínio crítico por parte dos outros. Dessa forma, os ambientes devem poder ajudar os participantes a expressar, elaborar, compartilhar, melhorar e entender suas criações, fazendo com que pensem seu próprio pensamento.

Muitos teóricos reforçam as benesses da sinteração social para o aprendizado. Destes, podemos destacar a Teoria do Desenvolvimento Social, de Vygotsky,[1] e a Teoria do Aprendizado Social, de Bandura.[2]

A maior aquisição trazida pelo referencial teórico de Vygotsky é o papel fundamental que desempenha a interação social no desenvolvimento da cognição. Uma de suas convicções é a seguinte:

---

[1] Lev Vygotsky (1896-1934) foi um pedagogo à frente de seu tempo. Desenvolveu trabalhos em áreas como filosofia, literatura e psicologia, mas seus trabalhos mais conhecidos são os estudos sobre o desenvolvimento social, cultural e cognitivo da criança, agrupados na Teoria do Desenvolvimento Social.

[2] Albert Bandura (1925-) é doutor em psicologia social e desenvolve pesquisas na Universidade de Stanford. Também foi presidente da Associação Americana de Psicologia. Seus principais trabalhos incluem os livros *Principles of Behavior Modification* (1969) e *A Social Learning Theory* (1971).

Qualquer função no desenvolvimento cultural da criança aparece duas vezes: primeiro, no nível social, e após, no nível individual; primeiro, entre pessoas (interpsicológico) e então, internamente à criança (intrapsicológico). Isto se aplica igualmente à atenção voluntária, à memória lógica, e à formação de conceitos. Todas as mais altas funções se originam de relações reais entre indivíduos. (Vygotsky, 1978, p. 57)

Um segundo aspecto de sua teoria é a ideia de que o potencial de desenvolvimento cognitivo é limitado a certa extensão em dado momento, o que ele chama de Zona de Desenvolvimento Proximal (ZDP). O desenvolvimento pleno desse potencial depende da interação social, e a gama de habilidades que podem ser adquiridas com a tutoria de alguém mais experiente ou pela colaboração com pares excede aquilo que pode ser conseguido por meio de esforços solitários (Kearsley, 1994).

Nesse aspecto, o que diz Vygotsky pode ser aplicado à interação continuada em ambientes *virtuais*, na medida em que esta fornece contínua exposição a diferentes pessoas, com níveis diversos de desenvolvimento cognitivo, extrapolando o universo possível de interações dos espaços tradicionais de aprendizagem.

Bandura, na Teoria do Aprendizado Social, enfatiza a importância da observação e da modelagem dos comportamentos, atitudes e reações emocionais dos outros. Para ele, "o aprendizado seria excessivamente laborioso, quase prejudicial, se as pessoas tivessem que se apoiar puramente nos efeitos de suas ações para orientá-los em como agir" (Bandura, 1971/77, p. 22 *apud* Kearsley, 1994). Sua teoria explica o comportamento humano em termos de interações contínuas e recíprocas, entre influências cognitivas, comportamentais e ambientais.

Podemos depreender dessa teoria que os participantes de grupos de aprendizado cooperativo, como em alguns ambientes *online*,[3] podem beneficiar-se por meio da observação e da convivência uns com os outros.

---

[3] No caso destes ambientes, acrescenta-se o fato de que estas pessoas poderiam estar inacessíveis de outra forma.

O contato com uma gama aumentada de "modelos de comportamento" pode ajudá-los, por exemplo, a estabelecer juízos de valor e a escolher, entre os comportamentos observados, aqueles que mais lhes aprouverem. Também podem ser internalizados aspectos comportamentais extremamente importantes, de caráter tácito, como os definidos pela netiqueta,[4] que são dificilmente adquiridos no lar ou nos centros formais de aprendizado, por exemplo, onde a maior parte da interação é presencial e não propicia esse contato. Como os pares com os quais escolhemos interagir em ambientes *virtuais* tendem a possuir conosco certa afinidade – uma característica da ampla oferta desses espaços, e da grande possibilidade de escolha – também aumentam as chances de aprendizado pela observação reflexiva, aprendizado este que é ainda mais favorecido quando há consonância de ideias e atitudes.

Meio e contexto

Os contextos construídos dinamicamente pelos participantes nos meios eletrônicos de interação são, em grande extensão, consoantes com seus próprios referenciais simbólicos, estilos cognitivos e interesses. Isso não sacrifica a diversidade, que aparece na medida em que contextos socioculturais diversos podem aflorar na experiência de cada participante, unido por algum interesse comum à comunidade.

É ainda Vygotsky que defende o papel do aprendizado da linguagem e dos contextos socioculturais, para o desenvolvimento do indivíduo. Inicialmente, esta objetivaria a comunicação, mas também possibilitaria o aflorar do diálogo interno, que se torna a base da abstração reflexiva, embora

---

[4] A *netiqueta* ou etiqueta na *net* (rede) é o conjunto de comportamentos aceitos e esperados por parte dos usuários da Internet, em seus espaços de interação. Na medida em que a Internet muda, a netiqueta também o faz, mas o bom senso e as regras de convivência são balizadores perenes.

o autor deixe clara a dissociação geral entre pensamento e a linguagem (VYGOTSKY, 1987, p. 38-44 e 127-132).

Em meios eletrônicos de comunicação assíncrona, com troca de ideias basicamente textual, a leitura do que se escreve – enquanto se escreve e após fazê-lo – é uma forma de abstração reflexiva, uma externalização do diálogo interno, que é então apresentado ao indivíduo de forma mais concreta. O processo de tradução, durante a escrita das próprias ideias, antes do derradeiro envio das mensagens – mais do que porventura possa ter acontecido com outros suportes, como cartas em papel – proporciona ao sujeito a reflexão sobre seu próprio pensamento, tendo a oportunidade de reestruturá-lo. E é talvez mais fácil ao interlocutor compreender o pensamento escrito que, embora se ressinta do conjunto de informações não verbais e fonético-verbais de um diálogo, ainda assim pode carregar mais significado e correlação com o pensamento do emissor do que o conjunto de estímulos audiovisuais compreendidos no processo de diálogo verbal presencial. Segundo Vygotsky, "Para compreender a fala de outrem não basta entender suas palavras – temos que entender seu pensamento" (1987, p. 130). E talvez seja mais fácil compreendê-lo por meio de palavras escritas, se ao escrever o emissor tem oportunidades ampliadas de reflexão.

Para estudar a importância do meio e/ou do contexto no processo de aquisição de conhecimentos, além das teorias de Vygotsky, podemos ressaltar as contribuições de Carl Rogers[5] com sua Teoria do Aprendizado Experimental. Rogers distingue dois tipos de aprendizado: o cognitivo – segundo ele, sem significado na ótica do aprendiz – e o experimental, significativo. O primeiro corresponde ao conhecimento acadêmico, como o aprendizado de vocabulário e de tabelas de multiplicação, e o último se refere ao conhecimento

---

[5] Carl Rogers (1902-1987), apesar de ser mais bem-conhecido por sua contribuição para a terapia autocentrada, também tem farto currículo em estudos sobre educação. Suas principais obras são *Freedom to Learn* (1969) e *On Becoming a Person. A therapist's view of psychotherapy* (1961).

aplicado, que se direciona para as necessidades e os desejos do aprendiz.

Para Rogers, as qualidades do aprendizado experimental são muitas, como o envolvimento pessoal, a definição do momento inicial do processo pelo aprendiz e o efeito penetrante e permanente neste, equivalendo a um processo de mudança e crescimento pessoal. Rogers entende que todo ser humano possui propensão natural para o aprendizado, e o papel do professor é facilitá-lo, o que inclui (KEARSLEY, 1994):

• Proporcionar um clima positivo para o aprendizado;

• Esclarecer os propósitos dos aprendizes;

• Organizar e tornar disponíveis os recursos de aprendizado;

• Balancear os componentes intelectual e emocional do aprendizado;

• Compartilhar sentimentos e pensamentos com os aprendizes, mas sem dominação.

Segundo Rogers, o aprendizado é facilitado quando:

• O aprendiz participa completamente do processo de aprendizado e tem controle sobre sua natureza e sua direção;

• É primariamente baseado na confrontação direta com problemas práticos, sociais, pessoais ou de pesquisa;

• A autoavaliação se torna o principal método de avaliar o progresso ou o sucesso.

Rogers ainda enfatiza a importância de aprender a aprender e a abertura à mudança. Os princípios gerais de sua teoria são os seguintes:

• O aprendizado significativo acontece quando o assunto é relevante para os interesses pessoais do aluno;

• O aprendizado que é ameaçador para o ego (como novas atitudes e perspectivas) acontece mais facilmente quando as ameaças externas são mantidas em nível mínimo;

• O aprendizado avança mais rapidamente quando a ameaça ao ego é baixa;

• O aprendizado autoiniciado é mais duradouro e penetrante.

A aplicabilidade e a confirmação dos pressupostos de Rogers são nítidas nos ambientes não formais de mediação eletrônica, dada a constituição da comunidade e do meio, mas talvez também possam ser observadas em outras comunidades de aprendizado *online*. Uma vez que há a liberdade de escolha de quais espaços participar e, nesses espaços, de quais assuntos ou discussões tomar parte ou contribuir, não há como ser diferente. Mesmo que não haja a figura formal do mediador, os objetivos e propósitos individuais são ajustados dinamicamente por cada um, dependendo de seus interesses correntes e da situação intelectual e emocional. Com a diversidade de opções de espaços, a busca de assuntos relevantes é significativamente facilitada.

Por fim, no escopo deste tópico, podemos ainda mencionar a Teoria do Aprendizado Situacional, de Jean Lave.[6] Lave argumenta que o aprendizado sempre ocorre em função da atividade, do contexto e da cultura nos quais ocorre ou se situa. Essa proposição contrasta com a maioria das atividades de sala de aula, que envolvem conhecimentos abstratos, totalmente descontextualizados de situações concretas. A interação social é um componente crítico do aprendizado situacional; nele, os aprendizes ficam envolvidos em "comunidades de prática", que portam certas convicções e definem comportamentos a serem adquiridos. Na medida em que os novatos ou recém-chegados se movem da periferia dessas comunidades para o centro, eles se tornam mais ativos e engajados na construção da cultura destas. A partir daí, assumem o papel de *experts*, tornando-se referências do

---

[6] Jean Lave é um dos maiores contribuintes para as teorias de aprendizado situacional, além de pesquisador e escritor em uma variedade de tópicos educacionais e sociais. Suas principais obras são *Situated Learning: Legitimate Peripheral Participation* (1991) e *Context and Cognition: Ways of Learning and Knowing* (1992).

meio. Nesse sentido, o aprendizado ocorre de maneira não intencional, não deliberada (Kearsley, 1994).

O aprendizado situacional (ou situado) tem antecedentes nos trabalhos de Vygotsky (aprendizado social). Seus princípios são:

• O conhecimento precisa ser apresentado em contexto autêntico, isto é, em que não seja dissociado da prática e da ecologia do meio;

• O aprendizado requer interação social.

Poucas características de teorias de aprendizagem são passíveis de serem transportadas tão genuinamente para os ambientes *online* de interação. Em especial, nas comunidades virtuais, observa-se nitidamente o processo descrito por Lave, desde o momento em que o participante se une a um grupo estabelecido, até o ponto em que já começa a fazer suas colocações com propriedade – quando já começa a sentir que faz parte da comunidade. Na evolução desse processo, passa a ser referência nas áreas em que se destaca por um maior número de contribuições ou que o interessem mais, até que seu tempo de participação no espaço em questão o torne parte da ecologia cognitiva[7] deste.

Construção e Significado

A aprendizagem significativa e a colaborativa são atividades correlacionadas e complementares, na medida em que a participação em um processo de colaboração – que pressupõe a troca e exclui a passividade dos envolvidos – propicia e incentiva os processos de construção significativa de conhecimentos.

---

[7] Ecologia Cognitiva é um termo cunhado por Pierre Lévy (1993) para nomear os coletivos cosmopolitas compostos de indivíduos, instituições e técnicas, não somente como meios ou ambientes para o pensamento, mas, sim, como seus verdadeiros sujeitos. A História das tecnologias intelectuais condiciona – sem determinar – a do pensamento.

A construção – do contexto comum, das tarefas colaborativas, dos rumos e interesses e, enfim, do próprio conhecimento do aprendiz – é inerente aos espaços de socialização e de aprendizado colaborativo. O significado aflora na medida em que são contextualizadas as contribuições e situações que vivencia o participante-aprendiz. Como são eles próprios que determinam o que gostariam de acompanhar, o significado autônomo é prerrequisito para disparar a ação de comunicação.

Entre os teóricos que ressaltaram o aprendizado significativo podemos citar Ausubel,[8] com a Teoria dos Subsunçores, e Jerome Bruner,[9] com a Teoria Construtivista.

A Teoria dos Subsunçores, de Ausubel, diz respeito a como indivíduos apreendem grandes quantidades de informação no ambiente escolar e tem exercido enorme influência na educação. Baseia-se em um modelo construtivista dos processos cognitivos humanos. Em particular, a teoria da assimilação descreve como o estudante adquire conceitos e como é organizada sua estrutura cognitiva. A premissa fundamental de Ausubel é ilusoriamente simples: "O aprendizado significativo acontece quando uma informação nova é adquirida mediante um esforço deliberado por parte do aprendiz em ligar a informação nova com conceitos ou proposições relevantes preexistentes em sua estrutura cognitiva" (AUSUBEL *et al.*, 1978, p. 159).

Ausubel argumenta que o fator individual mais importante de influência sobre a aprendizagem é o que o estudante já sabe. A aprendizagem significativa envolve a assimilação de

---

[8] David P. Ausubel nos forneceu importantes estudos em psicologia da educação. Ele acreditava que o significado é a essência da experiência cognitiva. Suas maiores contribuições foram na Teoria dos Subsunçores (também chamados de inclusores ou organizadores avançados) e a Teoria de Aprendizado Significativo. Seus principais trabalhos são: *The Psychology of Meaningful Verbal Learning* (1963) e *Psychology: A Cognitive View* (1978).

[9] Jerome Bruner (1915-) e sua teoria construtivista têm trazido muitas contribuições para a psicologia do desenvolvimento infantil. Muito de seu trabalho está relacionado com as obras de outros construtivistas, como Piaget. Seus trabalhos mais conhecidos são *Toward a Theory of Instruction* (1966) e *The Process of Education* (1960).

conceitos e proposições novas, mediante sua inclusão nas estruturas cognitivas e referenciais simbólicos existentes. Os resultados, cheios de significado, surgem quando uma pessoa, consciente e explicitamente, estabelece ligações deste novo conhecimento com os conceitos relevantes que já possui. Ausubel indica claramente que sua teoria se aplica ao aprendizado expositivo, em oposição ao aprendizado rotineiro ou ao aprendizado por descoberta: o primeiro, porque não envolve o trabalho com os pré-conhecimentos; e o segundo, porque o aprendiz tem que descobrir informações por meio da resolução de problemas.

De acordo com Ausubel, o aprendizado é baseado em processos de representação superordenados e combinatórios que ocorrem durante a recepção de informação. Um processo primário de aprendizado é chamado de subsunçor ou inclusor, no qual novos materiais são relacionados com ideias relevantes na estrutura cognitiva existente. As estruturas cognitivas representam o resíduo de todas as experiências de aprendizado e o esquecimento ocorreria por causa da integração de certos detalhes, que perdem características individuais (AUSUBEL, 1963).

A comprovação prática da teoria de Ausubel é grande em ambientes que promovem a cooperação, como os ambientes de aprendizagem *online* não formais. Como as contribuições são livres e a participação, espontânea, ocorre que cada participante escolhe os assuntos que mais lhe dizem respeito ou nos quais possui maior vivência ou conhecimentos prévios. No decorrer dos processos, há grande ganho de todos os participantes, quer contribuam ou não para as discussões, pois, de forma progressiva, fundamentam-se as novas informações em referências consolidadas previamente.

Outro teórico com contribuições relevantes ao assunto é Jerome Bruner. Uma assertiva primordial no quadro teórico de Bruner é o fato de que o aprendizado é um processo ativo, no qual os aprendizes constroem novas ideias ou conceitos baseados em seus conhecimentos atuais ou prévios. Neste ponto, sua teoria se assemelha à dos Subsunçores, de Ausubel.

O aprendiz seleciona e transforma a informação, constrói hipóteses e toma decisões, apoiado em sua estrutura cognitiva. Essas estruturas (os modelos mentais) proveem significado e organizam as experiências, permitindo ao indivíduo ir além da informação oferecida.

No seu quadro teórico, o professor deve tentar encorajar os estudantes a descobrir as premissas, por si sós. Estes devem se engajar em um diálogo ativo, como a maiêutica[10] socrática. A função do professor é traduzir informações a serem aprendidas para um formato apropriado ao estado atual de entendimento do aprendiz. O currículo deve ser organizado em espiral, de forma que o aprendiz construa continuamente em cima do que já sabe (BRUNER, 1960 *apud* KEARSLEY, 1994).

Sua proposição de processo de ensino (BRUNER, 1966 *apud* KEARSLEY, 1994) decorre de quatro aspectos maiores:

• A predisposição para aprender;

• A forma como um corpo de conhecimentos pode ser estruturado, de forma que possa ser mais facilmente recebido pelos aprendizes;

• As sequências mais efetivas nas quais apresentar o material;

• A natureza e ritmo de recompensas e punições.

Partimos das três primeiras proposições, que são mais pertinentes a este trabalho. Predisposição para aprender é fundamental em qualquer tipo de processo de aprendizagem bem-sucedido, mas em ambientes que prescindem da presença física do aprendiz e do professor em um mesmo espaço é um ponto fundamental. Paralelamente, a auto-organização, a proatividade e a participação são características desejáveis do perfil de alunos ou participantes de programas de ensino à distância, mas, em ambientes não formais de aprendizagem, essas características se tornam imprescindíveis.

---

[10] Uma das formas pedagógicas do método socrático, que consiste em multiplicar as perguntas a fim de obter, por indução dos casos particulares e concretos, um conceito geral de objeto em estudo.

Felizmente, pela própria natureza dos espaços, estas podem ser comumente observadas, pois participam dos espaços apenas aqueles que atendem a certos critérios.

A preocupação com a forma com que o corpo de conhecimentos é estruturado raramente se constitui numa característica de ambientes não formais de aprendizado. Uma vez, porém, que certos assuntos estão sendo abordados, a didática dos participantes é altamente adaptativa aos interlocutores. Fazendo uma conexão com a terceira proposição, também as sequências de argumentos sempre objetivam a melhor compreensão das ideias apresentadas, seja para expor uma opinião, seja para requisitar informações.

No caso de ambientes não formais, a figura do professor pode se materializar no moderador ou animador da comunidade, sendo também muitas vezes distribuída entre várias pessoas, que se revezam nas dinâmicas de trocas e interação. Não há currículo, mas tópicos que vão surgindo numa forma caótica,[11] por vezes encadeados por um assunto que é o fio condutor ou a tônica do espaço.

Sintetizando, o que se observa nesses ambientes é um processo colaborativo que alavanca a construção individual de conhecimentos, e estes se dão, principalmente, em cima daquilo que o aprendiz é capaz de lidar, o que se reflete pelas escolhas e direcionamentos de sua participação.

Uma síntese das teorias e a aplicabilidade na práxis

Observamos que grande parte dos postulados dessas teorias são corroborados pelas observações práticas, durante a convivência nos espaços de interação (Souza, 2000). Vamos

---

[11] Neste ponto, devemos reforçar a acepção de *caótico*, que significa aquilo que não se pode prever por serem inumeráveis as variáveis que influenciam seus rumos. A observação procede, para que evitemos a sensação de que os eventos acontecem de forma desordenada.

procurar resumir as ideias principais das correntes apresentadas ao longo do texto.

Na intersecção das linhas de Vygotsky e Bandura, podemos destacar a importância do meio como incomparável provedor de situações de encontros sociais, caracterizados pela diversidade, que promovem o aprendizado e a modelagem comportamental. Vygotsky, que enfocou mais extensamente os aspectos relativos à linguagem, pode oferecer-nos muitos *insights* relativos à forma como trocamos ideias nos espaços síncronos ou assíncronos do ciberespaço.

De Bruner e Ausubel, destacamos a importância auferida aos conhecimentos prévios e ao processo de construção ativa dos conhecimentos por parte do aprendiz. O perfil desejável dos alunos, como sugerido em suas teorias, e o dos participantes dos espaços eletrônicos de interação também têm muito em comum. Na verdade, quanto mais nestes últimos incorporarem as características que promovem o aprendizado significativo, melhores serão os desempenhos relativos de aprendizado dos participantes.

Lave e Rogers fornecem elementos para uma compreensão nítida da conexão entre o aprendizado e o contexto onde este se dá, contribuição mais do que adequada quando se pretende avaliar como o aprendizado se dá em uma comunidade.

Podemos ainda citar Jean Piaget, com a Epistemologia Genética, que fala dos processos de adaptação e assimilação ao meio. Na verdade, sua teoria perpassa, de certa forma, algumas das apresentadas, sendo que talvez estas devam a Piaget a fundamentação teórica e a primazia na explicitação das dinâmicas de interação. De qualquer forma, consideramos que seus resultados estão contemplados no que foi exposto.

Em suma, após a consideração dessas teorias, poderíamos referendar os componentes-chave do aprendizado, escolhidos para os ambientes e espaços eletrônicos de interação. Essas características são abordadas no estudo das dinâmicas das comunidades virtuais de aprendizado colaborativo, onde alguns exemplos reais serão detalhados. A seguir, vamos apresentar a conceituação e algumas hipóteses sobre o aprendizado em comunidades virtuais.

Conclusões

Consideramos que as experiências práticas, somente indicadas neste texto (Souza, 2000), nos permitem corroborar os teóricos das várias concepções pedagógicas apresentadas, quando levamos em conta os aspectos de meio, contexto, colaboração, construção e significado dos participantes de ambientes virtuais de aprendizagem, sejam estes formais ou não formais. As características únicas em relação ao meio "virtual", ao contexto diferenciado do percebido nos espaços presenciais, a ampliação do alcance e qualidade das interações sociais, as aumentadas possibilidades de colaboração e a decorrente construção significativa de referenciais nos permitem especular sobre um novo horizonte ou, ao menos, um horizonte paralelo para a educação.

A impressão que resiste é a de que não é necessária uma nova pedagogia para trabalharmos o aprendizado em ambientes de comunicação mediada por computador, uma vez que podemos contar com grande parte das orientações presentes nas linhas existentes, algumas das quais apresentadas neste trabalho, que se baseiam nas interações entre aprendizes e docentes a partir de experiências presenciais. Precisamos, sim, reconhecer a validade das dinâmicas e de novas estratégias aplicadas aos ambientes virtuais, para maximizar os benefícios potenciais que se afiguram. Não resta dúvida sobre a qualidade da aprendizagem que ocorre nos ambientes virtuais, onde a socialização, o contexto e as interações permitem a construção significativa de referenciais particulares, numa configuração dificilmente alcançada pelos espaços tradicionais de ensino e aprendizagem, se tomados de forma isolada.

No panorama atual, a demanda por formação profissional e humana não apenas conhece enorme crescimento quantitativo; ela sofre também profunda mutação qualitativa no sentido de uma necessidade crescente de diversificação e de personalização. Os indivíduos toleram cada vez menos seguir cursos uniformes ou rígidos que não correspondam a suas necessidades reais e à especificidade de seu trajeto de vida (Lévy, 1999, p. 169). A grande questão da cibercultura, tanto no plano de redução de custos, quanto no acesso de todos à educação, não é tanto a passagem do "presencial" ao "à distância", nem do escrito e do oral tradicional à multimídia. É a transição de uma educação e uma formação estritamente institucionalizadas (a escola, a universidade) para uma situação de troca generalizada de saberes, o ensino da sociedade por ela mesma, de reconhecimento autogerenciado, móvel e contextual das competências (Lévy, 1999, p. 172).

Nesse contexto, os meios de comunicação e interação mediada por computadores e redes são uma grande promessa, além de uma tendência para a criação de novas formas de ensinar e também para o auxílio ao aprendizado, principalmente em modalidades de ensino à distância, mas indispensavelmente também em modalidades presenciais.

Faz-se mister identificar as dinâmicas de funcionamento e traçar um conjunto de técnicas e requisitos capazes de maximizar o aproveitamento desses espaços como ambientes de aprendizagem. Muitas das estratégias utilizadas em ambientes tradicionais podem ser aplicadas, mas devemos reconhecer principalmente o que deixa de ser válido quando realizamos o salto para a interação virtual. A descoberta de novas estratégias específicas é, entretanto, o campo em que devem se concentrar as pesquisas na área.

O entendimento do potencial dos ambientes de interação deve aumentar a utilização destes, sejam como ambientes autônomos de aprendizagem, premeditados e organizados, ou espontâneos e livres; sejam como suportes e auxílios de outras estratégias presenciais de ensino e aprendizagem. Também devem florescer novos e novos espaços, de tipos diferentes, na medida em que as tecnologias assim o permitirem e as necessidades assim os demandarem.

Sugerimos, para trabalhos futuros, a determinação de uma série de estratégias palpáveis e práticas para aumentar a eficiência dos meios eletrônicos enquanto suportes educacionais, assim como a crítica da aplicabilidade e o levantamento do perfil ideal com que devem ser preparados os participantes – num novo sistema de educação básica – para, eficazmente, navegarem num universo de autoaprendizagem. O importante por ora é a aceitação – e séria consideração – dos meios eletrônicos de interação para os propósitos de aprendizado como aqui apresentados.

Num futuro não muito distante, esperamos discutir e estudar uma interação que, por tanto mais tecnológica, possa, por isso mesmo, ser mais humana, numa qualidade cognitiva e sensorial que poucas relações de aprendizado costumam apresentar. Pois se há um objetivo último das tecnologias, este é a valorização dos seres humanos.

Referências

AUSUBEL, D. *The Psychology of Meaningful Verbal Learning*. New York: Grune & Stratton, 1963.

AUSUBEL, D. P., NOVAK, J. D., HANESIAN, H. *Educational Psychology*: A Cognitive View. 2 ed. New York: Holt, Rinehart & Winston, 1978.

BENAKOUCHE, T. *Tecnologia é Sociedade*: Contra a Noção de Impacto Tecnológico. Berkeley, 1998.

BANDURA, A. *Social Learning Theory*. New York: General Learning Press, 1971.

BRUNER, J. *The Process of Education*. Cambridge, MA: Harvard University Press, 1960.

BRUNER, J. *Toward a Theory of Instruction*. Cambridge, MA: Harvard University Press, 1966.

KEARSLEY, G. *Explorations in Learning & Instruction*: The Theory into Practice Database. 1994,1999. Disponível em http://www.gwu.edu/~tip/theories.html Acessado em 1.2000.

LÉVY, Pierre. *As Tecnologias da Inteligência*: O Futuro do Pensamento na Era da Informática. São Paulo: 34, 1993.

LÉVY, Pierre. *Cibercultura*. São Paulo: 34, 1999.

NOVAK, J. D., GOWIN D. B. *Learning How to Learn*. Ithaca, NY: Cornell University Press, 1984.

SOUZA, R. R. *Aprendizagem Colaborativa em Comunidades Virtuais*. Florianópolis: Universidade Federal de Santa Catarina, 2000. (Dissertação de mestrado em Engenharia de Produção)

VYGOTSKY, L.S. *Pensamento e Linguagem*. São Paulo: Martins Fontes, 1987.

VYGOTSKY, L.S. *Mind in Society*. Cambridge, MA: Harvard University Press, 1978.

Capítulo 8

LER NA TELA – LETRAMENTO E NOVOS SUPORTES DE LEITURA E ESCRITA

Ana Elisa Ribeiro

Som e letra

As discussões atuais sobre a diferença da qualidade da leitura nos suportes impresso e eletrônico, principalmente no que se refere à relação do corpo com o dispositivo de leitura, além das discussões sobre o letramento digital, ou seja, a maneira como os leitores/usuários se apropriariam dos novos suportes e dos novos recursos de apresentação para a escrita/leitura, não podem prescindir de um ponto de vista histórico. Revisitando a história das práticas de leitura e dos suportes e tecnologias de ler e escrever, é possível obter esclarecimentos importantes, que tornam mais nítidos os contornos dos acontecimentos atuais com relação a tecnologias como o computador e a Internet, além de tornarem mais visíveis os limites entre o que é alarmismo, daqueles que consideram as novidades como catástrofes, e o que é o otimismo exagerado, daqueles que aceitam as novidades sem qualquer reflexão e pensam que elas podem salvar o mundo.

Neste trabalho, juntamente com Havelock (1996), considero a escrita alfabética como uma velha tecnologia de registro dos sons de uma língua, o que é um princípio bastante diferente de tecnologias de registro como o ideograma ou a escrita silábica (Olson; Torrance, 1996). Tal tecnologia precisa, então, ser aprendida – adquirida – e ter sua técnica desenvolvida e aperfeiçoada pelo leitor. Este, à medida que lê – pratica –, ganha eficiência, velocidade e versatilidade, caso tenha contato com uma gama maior de gêneros de texto, suportes diferenciados, funções variadas (Marcuschi, 2002). Considerando a escrita alfabética uma forma eficiente de registro de sons, é coerente e correto considerar sua leitura como uma tecnologia inventada, adquirida e desenvolvida pelo homem para decodificar e compreender textos intimamente relacionados ao suporte em que se encontram (Havelock, 1996), seja esse suporte uma tabuleta de cera, um pedaço de couro ou uma folha de papel. Cada suporte, à medida que foi inventado e refinado, criou especificidades: o jornal, com sua diagramação e sua periodicidade peculiares, produz determinadas expectativas no leitor, assim como as revistas, as bulas de remédio, os *out doors*, os livros e até mesmo os muros urbanos.

A escrita, aqui, é, em princípio, considerada uma tecnologia de registro de som (no caso do alfabeto greco-romano, se nos concentrarmos na notação desenvolvida por povos ocidentais) e a leitura torna-se uma tecnologia desenvolvida pelo homem na decodificação de uma notação muito eficaz (assim como a notação para registro das composições musicais, ainda mais específica (Finnegan, 1988)) para registro de sons, palavras, frases e textos.

Cada texto, no entanto, depende, para ser compreendido e interpretado, de um aparato que o torne legível, no sentido mais amplo da palavra. O leitor, além de ser apto a decifrar a notação alfabética, contribui com o tecido textual, ativando conhecimentos de sua memória, de tudo o que tenha lido e/ou vivido. E a cada gênero de texto, em cada suporte, o leitor faz reconfigurações pertinentes à percepção que tem do que lê, do que porta, do que tem em mãos, do que vê.

Com o passar do tempo e o desenvolvimento dos recursos, os suportes e as ferramentas para escrever e ler mudam. A prática do leitor fornece subsídios para que os produtores de material escrito e/ou de dispositivos para leitura possam repensar, reprojetar e reinventar materiais e recursos, de acordo com a demanda constante do leitor, que busca conforto, eficiência, eficácia, portabilidade e compreensibilidade. E o leitor vai se conformando ao objeto de ler, num ciclo retroalimentado e retroalimentador.

Escrita e processos editoriais

Na história do alfabeto, da escrita e da leitura, é possível verificar que o desenho da letra, a maneira de grafar certas palavras e os espaços em branco entre elas, assim como o desenvolvimento da leitura silenciosa, foram recursos desenvolvidos com a prática, na busca de outras formas de ler e de novas maneiras de dispor da leitura. Também os materiais usados para escrever mudaram, de acordo com as demandas de um leitor que consumia livros e periódicos e queria ter acesso a informações que estavam registradas pela escrita (FEBVRE; MARTIN, 1992).

Já no século III d.C., as tecnologias de suportes para escrita e leitura se sucediam para facilitar o trabalho do homem e com a preocupação explícita de fazer com que o conhecimento e os códigos morais chegassem às gerações futuras. Difundir cópias das Escrituras Sagradas passou a ser uma grande preocupação entre os compositores e copistas da época, o que tornava importantes as discussões sobre os melhores, mais duráveis e mais baratos materiais a serem utilizados para escrever, que pudessem ser lidos por leitores dos próximos séculos. Assim é que o papiro dá lugar ao pergaminho, mais resistente; o estilete e as tabuletas de cera dão lugar à pena, mais disponível e mais fácil de manejar (ARNS, 1993).

Os livros são compostos pelo trabalho de verdadeiras equipes "editoriais", que se coordenam entre o autor (que nem sempre escreve, mas dita o texto), o taquígrafo, o copista ou escriba (que torna legíveis os sinais do taquígrafo), o corretor (que pode ser o autor) e, enfim, a cópia definitiva é produzida em um códice ou códex, uma espécie de livro composto por pergaminhos escritos a pena, já emendado, conferido e anotado (com comentários e notas nas laterais, primeiras formas impressas de hipertexto (Lévy, 1993; Chartier, 1998)) pelo autor. (Arns, 1993)

Ainda hoje, as equipes editoriais funcionam de maneira muito parecida com as equipes dos copistas e das oficinas medievais de livros. O que teria mudado nesse processo? Sem dúvida, a velocidade e a agilidade com que se chega ao produto, o livro. O computador surgiu, no século XX, para alterar parte dos processos e aumentar a velocidade e a eficiência dos trabalhos. E surgiu, também, com a Internet, um novo meio de publicação de textos, sem existência física e com novas características de produção, acesso e leitura. No lugar do códice impresso, portador do texto, surge uma "janela", semelhante à televisão, de onde se pode mirar o texto, alterá-lo, copiá-lo, transferi-lo de lugar, sem, no entanto, ter acesso à sua materialidade, exceto se se considerar a tela como o suporte de um texto virtual, provável, possível ao toque de um botão (ctrl + p).

À medida que os leitores aprendiam a ler e a decodificar, os escritores e os produtores de códices aprendiam a pesquisar e a produzir materiais mais legíveis. Ler, num sentido mais amplo, deixa de ser apenas decodificação e ganha a complexidade de uma atividade cognitiva adquirida e desenvolvida pelo homem.

Leitor e objeto de ler

O leitor que reconfigurou sua relação com o objeto de ler existe há séculos. Imagine-se que quando o pergaminho enrolado (lido na horizontal, preso pelas laterais) perdeu espaço para o códice de papiro, o leitor teve que se dispor a lidar com um novo suporte, muitas vezes com uma nova apresentação (diagramação!) do texto, o que, a princípio, pode ter sido difícil e incômodo – talvez um mal-estar semelhante ao que sentimos hoje, ao aprender a lidar com a tela. Aos poucos, à medida que praticava, o leitor reconheceu características do velho texto no novo objeto e passou a consolidar novas práticas.

Esse processo, às vezes sofrido, também ocorre, talvez em velocidade maior, com o leitor que passa a ter, também, a opção de ler no monitor do computador pessoal. A relação estabelecida (durante séculos) entre as mãos e o papel, o tato e a capa, as pontas dos dedos, a saliva e as arestas do papel, a página e a numeração, o movimento dos olhos e a forma das letras – a serifa –, a lombada e a estante, o cheiro de papel e a cor amarelada, a traça e o tipo de papel, a posição do corpo e o objeto mínimo que marca a página em que se interrompeu a leitura... tudo isso ganha *status* de opção e passa a fazer parte de um universo ampliado por uma nova possibilidade: a de ler diante de uma tela que emite luz, mover o texto de maneira indireta (por meio do *mouse* ou do teclado), sentir a eletricidade, ouvir os estalos da eletrostática, escrever copiando e colando, não precisar fazer muitas vias enquanto o texto não estiver pronto, corrigir o original virtualmente, escutar o ruído leve do computador ligado, a ventuinha que refresca os componentes eletrônicos, desligar o texto da tela e deixá-lo marcado com um marcador virtual.

Todas as novas formas de ler parecem vilãs de um tempo sem calor, quando, na verdade, são apenas novas possibilidades para algo que já se fazia e já se fez na história das interfaces de leitura, interfaces homem/objeto de leitura.

Para Chartier,

> A inscrição do texto na tela cria uma distribuição, uma organização, uma estruturação do texto que não é de modo algum a mesma com a qual se defrontava o leitor do livro em rolo da Antigüidade ou o leitor medieval, moderno e contemporâneo do livro manuscrito ou impresso, onde o texto é organizado a partir de sua estrutura em cadernos, folhas e páginas. O fluxo seqüencial do texto na tela, a continuidade que lhe é dada, o fato de que

suas fronteiras não são mais tão radicalmente visíveis, como no livro que encerra, no interior de sua encadernação ou de sua capa, o texto que ele carrega, a possibilidade para o leitor de embaralhar, de entrecruzar, de reunir textos que são inscritos na mesma memória eletrônica: todos esses traços indicam que a revolução do livro eletrônico é uma revolução nas estruturas do suporte material do escrito assim como nas maneiras de ler. (CHARTIER, 1998, p. 12,13)

O que não é, de forma alguma, demérito para o novo suporte, uma vez que o leitor continua tendo a opção de ler objetos com fronteiras "radicalmente visíveis".

Letra híbrida, leitura híbrida

O leitor se adapta ao novo suporte, ao novo objeto de ler, e o novo objeto vai sendo refinado e projetado de acordo com as demandas do leitor, fundamentadas no uso. Trata-se, então, de um ciclo inteligente e versátil, ao qual qualquer ser humano deve estar acostumado.

E cada nova interface, embora possa assustar alguns leitores menos dispostos, guarda características de suas predecessoras. Pensando no funcionamento do pergaminho em rolo, é possível perceber traços em comum entre aquele dispositivo e a leitura na tela do computador. Basta observar que o texto, no monitor, corre de maneira que só pode ser visto parcialmente pelo leitor, embora não seja horizontal.

Porém, assim como o livro, o texto em tela pode ser paginado, mantém o desenho de uma folha, simula o formato das letras que são usadas nos impressos, assim como obedece a ferramentas de busca como índices e *links*.

Tudo isso faz com que o leitor não precise, a rigor, começar do zero ao lidar com um novo recurso, uma nova tecnologia de objeto de ler.[1] O que esse leitor faz, na verdade, é

---

[1] Minhas afirmações consideram um leitor minimamente letrado e que tenha alguma familiaridade com suportes tais como livros, jornais e revistas, por exemplo.

reconhecer certas características, deduzir outras, empregar a familiaridade que já possui, sua experiência de leitura pregressa, num suporte que demandará novas reações. Ao explorar o novo material e aplicar conhecimentos prévios, o leitor acaba por chegar a uma nova forma de manipular (navegar!) o objeto novo, que passa, então, a fazer parte de um universo de possibilidades que jamais será fechado.

A leitura em tela, por exemplo, fez retornar um comportamento há tempos esquecido pelo leitor: a leitura privada, não pública, solitária, feita em ambiente fechado, onde se encontra o computador, que precisa estar ligado à tomada, cheio de fios e grande demais para ser carregado pela rua, para ser lido dentro do ônibus.[2]

Mesmo os *notebooks*, produzidos para serem portáteis, ferramenta de escrita que se leva para (quase) qualquer lugar, suporte de leitura que pode ser carregado pela rua, não tem tanta eficiência quanto um livro ou um bloco de papel. Os *notebooks* ainda são caros, dependem de baterias (quando não estão próximos a uma tomada) e ainda não deixam de ser notados dentro do ônibus, do carro ou numa praça pública.

O livro, assim como os jornais e as revistas, foi sendo reprojetado e consagrou-se como objeto portátil, que pode ser lido em qualquer lugar, mesmo nas ruas da cidade, em qualquer praça ou sala de espera.

> A história das práticas de leitura, a partir do século XVIII, é também uma história da liberdade na leitura. É no século XVIII que as imagens representam o leitor na natureza, o leitor que lê andando, que lê na cama, enquanto, ao menos na iconografia conhecida, os leitores anteriores ao século XVIII liam no interior de um gabinete, de um espaço retirado e privado, sentados e

---

[2] Bom salientar que há grandes esforços no sentido de construir suportes eletrônicos cada vez menores, mais portáteis e mais baratos, o que ainda não ocorreu de maneira a dá-los ao alcance da população.

imóveis. O leitor e a leitora do século XVIII permitem-se comportamentos mais variados e mais livres – ao menos quando são colocados em cena no quadro ou na gravura. (CHARTIER, 1998, p. 79)

Se, há alguns séculos, a leitura devia ser feita em gabinetes fechados, a portabilidade da tecnologia do livro fez dele um objeto que se pode levar a tiracolo, coisa que o computador não favorece, tornando-se um objeto de leitura que remete a objetos outros, muito mais antigos (CHARTIER, 1998; LYONS; LEAHY, 1999).

Essa hibridez é que, se vista sob a luz da história, faz pensar que o leitor, assim como o escritor e como o objeto de ler, vai sempre tratar de reconfigurar suas experiências, seus hábitos e processos, de acordo com o que deseje, precise ou deduza. Os passos dados da tabuleta de cera em direção à tela foram lentos, graduais e perfeitamente integrados a uma experiência de versatilidade, e não de exclusividade.

Ler é mais que agrupar

De acordo com as teorias linguísticas mais atuais, o jogo da leitura só ocorre porque, além de saber decodificar a notação alfabética, o leitor também é capaz de fazer inferências e de conjugar à leitura seu hipertexto pessoal, considerando que:

> Trabalhar, viver, conversar fraternalmente com outros seres, cruzar um pouco por sua história, isto significa, entre outras coisas, construir uma bagagem de referências e associações comuns, uma rede hipertextual unificada, um contexto compartilhado, capaz de diminuir os riscos de incompreensão. (LÉVY, 1993, p. 72,73)

E à medida que o leitor refina sua capacidade de ler e o escritor refina sua escrita, o produtor e pesquisador de suportes também cria novos meios de publicação e leitura. Esse refinamento acontece seja nos novos recursos disponíveis para o manuscrito ou para o impresso – tabuleta de cera, pergaminho, papiro, papel ou tela; estilete, pena, tinta, tipo móvel, caneta esferográfica,[3] teclado –, seja nas percepções e preferências que o leitor vai ter em relação aos usos que faz do objeto com que interage para ler.

Imaginemos que o leitor que tinha à disposição o *volumen*, rolo de pergaminho preso pelas pontas e legível na horizontal, depois de desenrolado pelo leitor, não tinha ainda desenvolvido recursos como a paginação e os sumários. Tais recursos nada mais são do que antigas formas de hipertexto, antigas ferramentas de busca, das quais nos servimos com bastante familiaridade hoje em dia.

Quando os livros começam a ser compostos na forma de códices, ou seja, páginas de papiro empilhadas, como ainda são os livros de papel atuais, é que o leitor e o editor passam a projetar formas de buscar informação, sumários, índices e paginação. E se essas tecnologias de busca passam a existir, com o intuito de facilitar a leitura, os leitores também reaprendem a lide com o novo suporte e suas possibilidades, além de reconfigurar as bases de seu contato com o objeto que têm em mãos.

Juntamente com a emergência de novos suportes e novos recursos, mais confortáveis e mais ágeis, surgem novos leitores, mais rápidos e mais íntimos de todo tipo de material impresso ou registrado pela escrita. O suporte em que o texto se encontra também influencia a emergência de novos gêneros de escrita, e o leitor amplia seu leque de possibilidades de leitura à medida que entra em contato com esses suportes e gêneros reconfigurados, que por vezes são híbridos,

---

[3] Muito interessante é procurar saber a história da caneta esferográfica, ou *bolígrafo*, em espanhol. Ladislao Biro teria inventado o princípio do sistema (a tinta que escorre por um tubo e molha uma esfera, tingindo o papel) e os irmãos Bich teriam comprado a patente e tornado o produto mais barato e mais acessível, produzindo-o em série. Quando surgiram, as canetas esferográficas enfrentaram ajustes com relação à viscosidade adequada da tinta e ao material dos tubos. Os bancos, por exemplo, demoraram a aceitar cheques escritos com esse tipo de ferramenta de escrita.

"cruzamentos" de algo conhecido com alguma possibilidade nova, parcialmente estranhos, mas parcialmente reconhecíveis.

É levando isso em consideração que a Usabilidade, subárea da Ciência da Computação que lida com a medição da eficiência de uma interface eletrônica com o usuário, trabalha no sentido de captar as demandas do leitor e produzir *sites* e *softwares* mais eficientes. E entre as heurísticas empregadas pela Usabilidade para avaliar a eficiência e a legibilidade de um *software* educacional, por exemplo, está a seguinte: "Reconhecer no lugar de memorizar", ou seja, o leitor/usuário deve ter algum "gancho" a partir do qual reconheça o objeto de leitura com que lida, para que não se perca e para que consiga inferir comportamentos quanto ao manuseio (navegação) do material. A memorização da lide com uma interface, forçando o leitor a aprender "do zero" como se mover num ambiente digital, é considerada violação grave de uma heurística da Usabilidade (ATAYDE, 2003).

Gêneros e transposições

Os gêneros de texto existem em consonância com seus suportes. E à medida que o homem passou a ter a opção de produzir impressos, novas organizações textuais com novas funções surgiram no universo dos objetos de ler.

As narrativas, que obedeciam a ordens cronológicas e a fórmulas mnemônicas, ganham novos contornos, até que se instauram gêneros fundamentalmente impressos, como, por exemplo, o poema concreto.[4] Cada uma dessas possibilidades, quando vivida e manipulada, passa a fazer parte de um repertório, preferencialmente aberto, de um

---

[4] Em mais uma corroboração da hibridez de textos e manipulação de suportes, os poemas concretos ganham novas possibilidades – o movimento, por exemplo – na tela do computador. Embora não possam ser orais, podem ser virtuais. Muitas experimentações literárias virtuais encontram-se em curso com sucesso, por exemplo, em www.ciclope.com.br.

leitor que soma experiências. E a gama de experiências e os cruzamentos que o leitor pode fazer entre elas no reconhecimento de novos objetos de ler ou de escrever, os usos mais ou menos versáteis que o leitor/escritor faz dos materiais e veículos que conhece e deseja conhecer fazem parte do que se denominou letramento.

E como elevar o nível de letramento de um leitor? A rigor, é necessário torná-lo um manipulador de textos e suportes, um explorador de possibilidades. É preciso que ele caminhe entre possibilidades, e aqui não desejo, de maneira alguma, incorrer na inadequação de apresentar gradações duvidosas, como as que afirmam, por exemplo, que o letramento seria a

> capacidade de compreender e usar todas as formas e tipos de material escrito requeridos pela sociedade e usados pelos indivíduos que a integram. Dentro desta perspectiva então envolvidas *competências, práticas e hábitos de leitura que se desenrolam num "continuum" que vai desde a identificação de sinais gráficos de uso quotidiano à decifração de textos filosóficos e literários.* (Sim-Sim, 1989. Grifos meus)

numa impertinente tentativa de pintar uma tela degradê com cores que não se relacionam sob esse critério, ou seja, não se trata de compreender, por exemplo, as revistas em quadrinhos como materiais simplificados e que demandem baixos níveis de letramento, por oposição diametralmente oposta a, por exemplo, textos literários, que estariam no ponto mais supostamente complexo de uma escala de letras. O fato é que o leitor, cada vez mais letrado, deve ganhar a versatilidade de lidar com todos os gêneros, de maneira que não tenha a sensação de completo estranhamento quando tiver contato com novas possibilidades de texto ou de suporte.[5] O

---

[5] Para quem não está habituado, as histórias em quadrinhos têm uma lógica muito particular, além de contarem com as ilustrações para complementar a narrativa, ensejando a leitura verbal em consonância com a leitura não verbal. Importante frisar que não há concorrência, neste caso, entre letra e imagem. Além disso, há o reconhecimento dos tipos de balão, as falas do narrador, etc.

letramento, além de significar a experiência com objetos de leitura, também deve possibilitar que o leitor deduza e explore o que pode haver de híbrido e reconhecível em cada gênero ou em cada suporte, e, assim, manipulá-lo como quem conquista, e não como quem tem medo.

Hipertexto e ferramentas de busca

Depois que o computador pessoal ganhou *status* de eletrodoméstico, passou-se a mencionar a Internet como o lugar, por excelência, do hipertexto. E o que, nesse formato de texto, o torna um objeto de leitura específica do ambiente eletrônico?

A história dos conceitos de construção de textos acusa que

> O hipertexto tem história recente, mas possui fundamentos antigos nas enciclopédias, nas colecções e nas bases de dados. As dificuldades semânticas de acesso aos documentos e aos conhecimentos não desapareceram, mas foram, em parte, contornadas, por meio de novos dispositivos pragmáticos. (LAUFER; SCAVETTA, 1998, p. 8)

De acordo com Pierre Lévy, o hipertexto

> é um conjunto de nós ligados por conexões. Os nós podem ser palavras, páginas, imagens, gráficos ou partes de gráficos, seqüências sonoras, documentos complexos que podem eles mesmos ser hipertextos. Os itens de informação não são ligados linearmente, como em uma corda com nós, mas cada um deles, ou a maioria, estende suas conexões em estrela, de modo reticular. Navegar em um hipertexto significa portanto desenhar um percurso em uma rede que pode ser tão complicada quanto possível. Porque cada nó pode, por sua vez, conter uma rede inteira. (LÉVY, 1993. p. 33)

Sendo assim, não é difícil conceber que índices remissivos, antigas tecnologias de busca empregadas para indicação de informação específica no impresso, não deixam de ser hipertextos, embora não possuam a característica da velocidade eletrônica.

E por que razão o hipertexto mantém certa fama de novidade e nova tecnologia? A explicação surge nos garimpos da história, quando se sabe que, na década de 1940, nos Estados Unidos, o matemático Vannevar Bush, então conselheiro do presidente Roosevelt, durante a Segunda Guerra Mundial, lançou o conceito do MEMEX (*Memory Extender*, em português, Extensor de Memória) e, junto com ele, o de hipertexto:

> [...] era preciso proporcionar ao investigador um sistema mais favorável que os sistemas de classificação hierárquica, tendo como fonte inspiradora a nossa maneira natural de pensar. "As we may think" ("segundo a nossa maneira de pensar") é o título do artigo aparecido em 1945. (LAUFER; SCAVETTA, 1998, p. 48)

O conceito do MEMEX ensejou outros artefatos, como a Máquina de Turing, que chegaram, a passos largos, à tecnologia dos computadores pessoais e à Internet.

A história do impresso traz à tona a história de formas mais "primitivas" de hipertexto, plenamente assimiladas pelos leitores e produtores de textos (livros, revistas, jornais, etc.) de nossa sociedade, e cada uma delas pode ser, também, chamada de interface:

> O hipertexto retoma e transforma antigas interfaces da escrita. A noção de interface, na verdade, não deve ser limitada às técnicas de comunicação contemporâneas. A impressão, por exemplo, à primeira vista é sem dúvida um operador quantitativo, pois multiplica as cópias. Mas representa também a invenção, em algumas décadas, de uma interface padronizada extremamente original: página de título, cabeçalhos, numeração regular, sumários, notas, referências cruzadas. Todos esses dispositivos lógicos, classificatórios e espaciais sustentam-se uns aos outros no interior de uma estrutura admiravelmente sistemática: não há sumário sem que haja capítulos nitidamente destacados e apresentados; não há sumários, índice, remissão a outras partes do texto, e nem referências precisas a outros livros sem que haja páginas uniformemente numeradas. Estamos hoje tão habituados com esta interface que nem notamos mais que existe. Mas no momento em que foi inventada, possibilitou uma relação com o texto e com a escrita totalmente diferente da que fora

> estabelecida com o manuscrito: possibilidade de exame rápido do conteúdo, de acesso não-linear e seletivo ao texto, de segmentação do saber em módulos, de conexões múltiplas a uma infinidade de outros livros graças às notas de pé de página e às bibliografias. É talvez em pequenos dispositivos "materiais" ou organizacionais, em determinados modos de dobrar ou enrolar os registros que estão baseadas a grande maioria das mutações do "saber". (Lévy, 1993, p.34)

Porém, o fato de surgir um novo suporte para leitura/escrita não quer dizer que absolutamente todos os expedientes do leitor/usuário tenham que ser modificados. As novas tecnologias podem recuperar características de outras, muitas vezes até de tecnologias já quase esquecidas. A familiaridade do leitor com determinados gêneros de texto, diagramações e suportes pode torná-lo mais hábil no reconhecimento de um novo suporte, que não deverá, quase nunca, ser totalmente novo. Assim, segundo Lyons (1999),

> O livro impresso herdou muitas das convenções do livro manuscrito, mas gradualmente impôs e desenvolveu seus métodos próprios de arrumação do espaço tipográfico. Novas formas impressas de pontuação, por exemplo, precisavam ser desenvolvidas. Os primeiros livros impressos freqüentemente convidavam o leitor a fornecer seus próprios meios auxiliares de leitura, pedindo-lhe que este numerasse as páginas, marcasse letras maiúsculas em vermelho e acrescentasse sua própria pontuação. [...] Hoje, textos eletrônicos podem restaurar algumas oportunidades que haviam se perdido na relação do livro com o leitor. (Lyons; Leahy, 1999. p. 14)

Se a invenção do livro encontrou suas acomodações na história da relação entre o leitor e o objeto de leitura, a tela também está a caminho de encontrar suas formas mais eficientes e confortáveis, embora a busca pelo objeto portátil continue, conforme questiona Chartier (1998):

> Afirma-se freqüentemente que não dá pra imaginar muito bem como se pode ler na cama com um computador, como a leitura de certos textos que envolvem a afetividade do leitor pode ser possível dessa mediação fria. Mas sabemos o que virão a ser

os suportes materiais da comunicação dos textos eletrônicos? (CHARTIER, 1998, p. 142)

Por que não contrapor texto e hipertexto?

Segundo Lévy (1993), o informata Vannevar Bush, em 1945, foi o primeiro a conceber a ideia de *hipertexto* como uma rede interconectada de dados e informações e, para muito além disso, foi o primeiro a desconfiar de que a cognição humana não funciona de maneira hierarquizada e sequencial. Para ele, que se atinha aos problemas de um banco de dados informático, o pensamento e a memória humanos provavelmente não funcionavam como os computadores de então queriam prever, mas sim de maneira múltipla, multimídia (som, cheiro, voz, imagem, palavra), interconectada e de fácil acesso.

Um pouco mais tarde, nos anos 1960, Theodore Nelson inventou o termo hipertexto, "para exprimir a idéia da escrita/leitura não-linear em um sistema de informática" (LÉVY, 1993, p. 29).

De acordo com essa explicação, a primeira aplicação do termo *hipertexto* foi mesmo empregada para o contexto da informática. Porém, com a consolidação e com as reflexões sobre o conceito, o termo passou a ser empregado em relação ao impresso, numa reconfiguração entre conceitos e objetos.

Sendo assim, navegar por um texto não é algo restrito ao suporte eletrônico, como a tela, por exemplo, mas refere-se ao percurso que o leitor pode fazer em determinado objeto de leitura (texto, gráfico, legenda, sumário, índice), de acordo com suas escolhas a partir de opções de caminho. E esse percurso possui algo de particular e algo de orientado.

O termo *hipertexto* tem sido usado como sinônimo de texto não linear. A partir de uma ampliação ainda maior de hipertexto, bibliotecas e até mesmo cidades tornaram-se objetos hipertextuais (LÉVY, 1993).

Na obra de 1998, Roger Chartier não menciona o termo *hipertexto*, mas lida com as oposições *texto impresso, texto manuscrito* ou *texto eletrônico*. E a distinção que proponho é a de *hipertexto impresso* por oposição à de *hipertexto eletrônico*, evitando-se, então, oposições confusas, tais como *texto* (fora do meio eletrônico) e *hipertexto* (texto no meio eletrônico). Hipertextos são sempre textos (sejam eles verbais ou não). Mas nem todo texto é hipertexto. Para sê-lo, os textos devem ter certas características, sendo a principal a não linearidade,[6] em meio impresso ou eletrônico.

Para Laufer & Scavetta (1998), texto e hipertexto obedecem à oposição (já questionada e refutada neste trabalho) entre impresso e eletrônico. Além dessa oposição pouco adequada e esclarecedora, os autores sustentam um conceito de texto absolutamente relacionado à forma ("conjunto de parágrafos sucessivos"), a uma estrutura previsível ("reunidos em artigos ou capítulos"), ao suporte papel ("impressos em papel"), como se o texto não pudesse estar em outro ambiente (será que textos na Internet não são textos?), e a uma linearidade limitadora e pouco clara ("que se lêem, habitualmente, do princípio ao fim").

Assim como o conceito de texto, o conceito de hipertexto fica preso ao ambiente ("dados textuais, computadorizados num suporte eletrônico") e a uma não linearidade obscura ("que podem ser lidos de diversas maneiras"). Os "dados" ou "nós de informação" a que os autores se referem também ocorrem no hipertexto impresso, como é, claramente, o caso das primeiras páginas de jornal.

Já Chartier (1998) faz uma interseção entre o leitor de tela e o leitor de papel, estabelecendo, com mais clareza, o *continuum* tão defendido por Lévy (1993) e tão mal-defendido por Laufer & Scavetta (1998):

---

[6] Entende-se por texto uma "ocorrência lingüística falada ou escrita, de qualquer extensão, dotada de unidade sociocomunicativa, semântica e formal. Antes de mais nada, um texto é uma unidade de linguagem em uso, cumprindo uma função identificável num dado jogo de atuação sociocomunicativa". (Costa Val, 1994)

> De um lado, o leitor da tela assemelha-se ao leitor da Antigüidade: o texto que ele lê corre diante de seus olhos; é claro, ele não flui tal como o texto de um livro em rolo, que era preciso desdobrar horizontalmente, já que agora ele corre verticalmente. De um lado, ele é como o leitor medieval ou o leitor do livro impresso, que pode utilizar referências como a paginação, o índice, o recorte do texto. Ele é simultaneamente esses dois leitores. Ao mesmo tempo, é mais livre. O texto eletrônico lhe permite maior distância com relação ao escrito. Nesse sentido, a tela aparece como o ponto de chegada do movimento que separou o texto do corpo. (CHARTIER. 1998, p. 13)

Tanto Chartier (1998) quanto Lévy (1993), ao refletir sobre os hipertextos impressos, eletrônicos e até mesmo manuscritos, terminam por sugerir que não há, de fato, novidade absoluta no aparecimento do texto suportado pelo computador. A novidade está no próprio suporte e na velocidade com que os nós são acessados nos hipertextos eletrônicos. E para corroborar a ideia da navegação também em meio não eletrônico, embora em velocidade diversa, Lévy (1993) define:

> A quase instantaneidade da passagem de um nó a outro permite generalizar e utilizar em toda a sua extensão o princípio da não-linearidade. Isto se torna a norma, um novo sistema de escrita, uma metamorfose da leitura, batizada de navegação. A pequena característica de interface "velocidade" desvia todo o agenciamento intertextual e documentário para outro domínio de uso, com seus problemas e limites. (LÉVY, 1993, p. 37)

Jornal e revista: hipertextos

A sinalização, a familiaridade com a interface e as possibilidades mais ou menos abertas de percurso fazem com que um objeto de leitura possa ser chamado de hipertexto. É nesse ponto que jornais e revistas atendem a uma configuração mínima para que possam ser encarados como hipertextos, ainda que não sejam necessariamente eletrônicos. E se o leitor tem alguma intimidade com essas interfaces hipertextuais impressas, estará, então, próximo de deduzir certos aspectos da interface hipertextual eletrônica.

> O jornal ou revista, refugos da impressão bem como da biblioteca moderna, são particularmente bem-adaptados a uma atitude de atenção flutuante, ou de interesse potencial em relação à informação. Não se trata de caçar ou de perseguir uma informação particular, mas de recolher coisas aqui e ali sem ter uma idéia preconcebida. O verbo *to browse* ("recolher", mas também "dar uma olhada") é empregado em inglês para designar o procedimento curioso de quem navega em um hipertexto. No território quadriculado do livro ou da biblioteca, precisamos de mediações e mapas como o índice, o sumário ou o fichário. Ao contrário, o leitor do jornal realiza diretamente uma navegação a olho nu. As manchetes chamam a atenção dando uma primeira idéia, pinçam-se aqui e ali algumas frases, uma foto, e depois, de repente, é isso, um artigo fisga nossa atenção, encontramos algo que nos atrai... *Só podemos nos dar conta realmente do quanto a interface de um jornal ou de uma revista se encontra aperfeiçoada quando tentamos encontrar o mesmo desembaraço num sobrevôo usando a tela e o teclado.* O jornal encontra-se todo em *open field*, já quase inteiramente desdobrado. A interface informática, por outro lado, nos coloca diante de um pacote terrivelmente redobrado, com pouquíssima superfície que seja diretamente acessível em um mesmo instante. A manipulação deve então substituir o sobrevôo. (Lévy, 1998, p. 35,36, grifos meus).

Segundo Lévy (1998), revistas e jornais são hipertextos em que o leitor pode navegar a partir de uma primeira página que oferece indicações que o guiam para a matéria de seu interesse. Índices e sumários oferecem maneiras mais eficientes e ágeis de chegar a determinado tema ou texto, sendo que o leitor deve desenvolver aptidão em promover buscas a partir do sistema que encontra.

No caso do impresso, o leitor navega pela primeira página ou pelo índice, mas tem contato com a íntegra do documento, que se encontra em suas mãos. Lévy (1993) sugere uma comparação entre os hipertextos impressos e eletrônicos na medida em que cita a menor superfície do hipertexto eletrônico que pode estar disponível à navegação do leitor. Eis uma diferença que pode ser importante. Para Chartier (1998), tal característica tem profundas implicações na leitura:

> [...] para o autor, e *a fortiori* para o leitor, as propriedades específicas, os dispositivos materiais, técnicos ou culturais que

comandam a produção de um livro ou a sua recepção, de um CD-Rom, de um filme, permanecem diferentes, porque eles derivam de modos de percepção, de hábitos culturais, de técnicas de conhecimento diferentes. A obra não é jamais a mesma quando inscrita em formas distintas, ela carrega, a cada vez, um outro significado. (CHARTIER, 1998. p. 71)

Ou ainda:

> Ler um artigo em um banco de dados eletrônico, sem saber nada da revista na qual foi publicado, nem dos artigos que o acompanham, e ler o "mesmo" artigo no número da revista na qual apareceu, não é a mesma experiência. O sentido que o leitor constrói, no segundo caso, depende de elementos que não estão presentes no próprio artigo, mas que dependem do conjunto dos textos reunidos em um mesmo número e do projeto intelectual e editorial da revista ou do jornal. Às vezes, a proliferação do universo textual acabou por levar ao gesto da destruição, quando devia ser considerada a exigência da conservação. (CHARTIER, 1998. p. 128)

O incômodo de Chartier soma-se ao de Lévy em relação ao fato de o hipertexto eletrônico ser infinitamente redobrado e de não haver, para o leitor, condições de divisar as fronteiras do texto. Isso porque o objeto de ler pode ser imenso, imensurável ou talvez infinito, se se pensar que a Internet é um imenso banco de dados, muito maior do que os prédios onde estão instaladas bibliotecas.

Porém, com todas essas diferenças, o leitor não leva muito tempo para reconfigurar seus modos de ler e de lidar com novos objetos de ler, reaprendendo a navegar neles e a ter expectativas sobre aquele novo meio, talvez até dando novos sentidos ao que lê. Foi o que mostrou uma pesquisa realizada por mim, com quatro usuários de computador, familiarizados com hipertextos impressos.

Leitores que navegam no papel e na tela

Empregando heurísticas da Usabilidade, subárea da Ciência da Computação que mede, qualitativa e quantitativamente, as reações do usuário com as interfaces desenvolvidas para computador, foi possível considerar que dois sites, *Folha de S.Paulo* e *Hoje em dia*, obedeciam a critérios suficientes e confortáveis para serem considerados adequados ao suporte tela.

Segundo a Usabilidade, o leitor escaneia a tela antes de ler algum texto. Isso seria sua maneira primeira de triar a informação em que deseja se aprofundar. Tal comportamento foi medido no que se refere às telas, mas também pode ser observado quando a interface é impressa e o leitor depara com um hipertexto não eletrônico.

Os leitores/usuários S, J, C e L, em contato com os hipertextos impressos e eletrônicos de ambos os jornais, demonstraram uma relação absolutamente íntima com a leitura na tela, inclusive por meio de uma nomenclatura já consolidada pelos usos em leitura eletrônica.

A análise que segue caminhará no sentido de mostrar como o letramento em hipertexto impresso "contamina" a navegação do hipertexto eletrônico e como os leitores/usuários, espontaneamente, empregam nomenclaturas diferentes para os hipertextos em suportes diversos.

> primeiro vou dar uma olhada nesta *página inicial* aqui do *site*, *rolando* a *barra* aqui pra ver as *manchetes*. (S)

O usuário S demonstra conhecimento tanto da nomenclatura empregada para jornais impressos (manchete), quanto largo conhecimento sobre hipertextos eletrônicos (página inicial, site, rolar a barra) e seu suporte. S considera a mudança de ambiente de leitura e muda de nomenclatura, demonstrando versatilidade na lide com diferentes suportes. Na leitura do jornal impresso, S diz:

> primeiro então eu vou *abrir aqui o jornal* para ver a *primeira folha* todinha. Aí eu vou ler todas as *manchetes* aqui da... vou passar o olho nas *manchetes* da *primeira folha* para tentar ver se eu já acho aqui.

O que o leitor chama de *manchete*, embora tenha recursos diferentes no impresso e no eletrônico, continua significando a mesma coisa: os títulos das matérias principais. S chama de *primeira folha* (primeira página) o que, na versão eletrônica, consagrou-se como *página inicial*. Porém, tão interessante quanto a mudança de nomenclatura é a navegação feita por S exatamente da mesma maneira em ambos os suportes. Quando o leitor/usuário diz "vou *dar uma olhada* nesta página inicial", no caso do hipertexto eletrônico, e "vou abrir aqui o jornal para *ver a primeira folha todinha* [...] vou *passar o olho* nas manchetes da primeira folha".

O escaneamento do texto, tanto em papel quanto em tela, é o procedimento de todos os leitores, que apresentam, inclusive, insistência, antes de clicar a matéria pedida:

> Vou ler dentro dele primeiro pra ver se tem a manchete. Uma delas é "Candidatos ficam frente a frente hoje na TV Record". Mas *assim mesmo eu dou uma olhada no resto pra ver se tem alguma coisa*, rapidinho. Mas o resto parece que não tem nada a ver. Aí eu clico aqui no "Candidatos ficam frente a frente hoje..." e chego na página da notícia. (S, hipertexto eletrônico)

> *descendo a tela da primeira página*, né, *a página principal*, pra ver algum *link* aqui de eleições ou política. (J, hipertexto eletrônico)

> primeiro eu vou *dar uma folheada assim por cima* e *procurar algum caderno de política* (L, hipertexto impresso)

> primeiro eu *dou uma olhadinha na página principal* dele pra ver se tem alguma chamada. Procurando por isso, não há. Não há. Bom, tem. Tá aqui. Tem um *link* direto. (L, hipertexto eletrônico)

> página 3, política. *Estou procurando o caderno de política*. Posso ter *passado por ele* sem ter visto. (C, hipertexto impresso)

> *Passando a barra de rolagem para baixo* tem Eleições. (C, hipertexto eletrônico)

Observe-se que apenas J não menciona navegação na primeira página do hipertexto impresso. Os demais leitores/ usuários empregam as mesmas expressões para se referirem à atividade de procurar pontos relevantes da primeira página, palavras que chamem a atenção para o que estão procurando (dado pelo comando da pesquisadora).

Os leitores S e J mostraram dificuldade de navegação na *Folha de S.Paulo* impressa em razão de não conhecerem a numeração empregada pelo jornal. Porém, o letramento em leitura de jornais ajuda na solução do problema e o leitor conta com a padronização mínima desse tipo de suporte para sair de seu dilema e chegar ao objetivo de encontrar a notícia que procura.

> Aí eu achei. Aí eu vejo em que página que está falando dessa notícia... tá escrito "página esp. 1". *Eu não conheço essa numeração aqui da* Folha *então eu não sei o que que é essa "página esp.", mas pela minha experiência de leitura no* Estado de Minas, *imagino que seja neste primeiro caderno mesmo.* // Mas só que... abrindo aqui o jornal, achei outro caderno que é especial de eleições, então vou olhar nele primeiro. Aí eu já achei aqui na primeira folha desse caderno a notícia. (S, hipertexto impresso)

> Tá. Já achei aqui este *lead* na capa, na primeira página, *página esp 1. O que que isso? Não sei o que que é esp 1. Vamos atrás do esp 1. Deve ser no caderno de eleições. Especial, sei lá.* (J, hipertexto impresso)

Pela semelhança na lide com suportes e hipertextos, é muito provável que, se L e C tivessem contato com a *Folha de S.Paulo* impressa, também teriam narrado algum percalço na navegação da primeira página, assim como também teriam encontrado a solução na experiência anterior com esse tipo de hipertexto e tecnologia de busca.

Note-se que apenas o leitor/usuário J não chegou à notícia pedida em razão de ter feito mal seu escaneamento de primeira página:

> Pois é, então, nada a ver. *Eu li Ciro e Serra e fui quente*, fervendo, sacou? Então, espera aí, eu não achei o link não. Meu Deus. [Lê mais e chega ao link certo] Cara, repete então porque eu tô perdida. *Eu foquei os nomes* e não consigo... é o da Record?

Com relação aos comentários de cada leitor sobre sua navegação, S aponta a facilidade de o título da manchete ser o mesmo encontrado nas partes internas do jornal, o que ocorre apenas nas versões impressas, que dependem do escaneamento de todas as páginas do jornal. Os hipertextos eletrônicos levam o leitor diretamente ao texto, via *link*.

> O título do texto do *Hoje em dia* está relacionado mais diretamente ao texto, por isso tive menos dificuldade na questão sobre ele (S, hipertexto impresso)

Os demais comentários giraram em torno de opiniões conscientes de cada leitor/usuário sobre a maneira como lida com o papel e com a tela. Destaquem-se os comentários sobre cores e fontes, que são de extrema importância para a Usabilidade.

> Na *Folha on-line* a dificuldade é a entrelinha, que é muito fechada, a gente perde a continuação da linha, não sabe a próxima linha e a leitura fica difícil. A falta de parágrafo também pra localizar. O texto está alinhado só à esquerda, não está blocado. (C, hipertexto eletrônico)

> Mas a disposição do texto na tela está meio estranha. Eu tive uma dificuldade de localizar o parágrafo, como você viu. A diferença foi essa. (L, hipertexto eletrônico)

> O texto do *Hoje em dia* na Internet... a tipologia não favorece: Arial, muito fininha, a Times eu acho mais tranqüila de ler. A Arial fica com aquele branco, a letra é mais fininha, o corpo é maior, eu acho, e o branco da tela fica pior. Talvez a Arial do mesmo tamanho seja maior. (J, hipertexto eletrônico)

> na tela talvez seja um pouquinho só mais chato porque tem que ficar rolando a barra aqui, mas, se a notícia fosse grande no jornal, eu ia ter que ficar abrindo página também. (L, hipertexto eletrônico)

Todos os usuários de hipertexto eletrônico apresentaram algum tipo de comparação entre os dois suportes em que leram os jornais. E quando isso ocorreu, a desvantagem dos hipertextos em tela mostrou-se relativa a características que a Usabilidade e os próprios usuários ainda buscam aperfeiçoar.

A escola pode tirar vantagens deste tipo de estudo conhecendo formas de fazer com que alunos e professores cheguem a níveis de letramento de largo escopo, e não apenas apresentem possibilidades estreitas. Todos os gêneros textuais de ampla circulação social podem estar relacionados a suportes e a maneiras de ler que obedecem a critérios criados tanto pelo leitor/usuário dos textos quanto pelos produtores dos mesmos.

> O leitor-professor é o sujeito que deve estar preparado para lidar com as tecnologias de leitura. E, é claro, com as leituras das tecnologias. Ser preparado para formar novos leitores no processo de ensinar/apreender novos gestos de leitura de diferentes suportes, materiais, texturas, configurações textuais etc., num movimento de apropriação das novas tecnologias. Novas tecnologias implicam novos modos de relação entre os sujeitos cognoscentes e os objetos do conhecimento. Abrangem textos e leituras, ambos necessariamente plurais. Ainda que seja mais fácil (e por vezes muito tentador) "implicar" com esta pluralidade: colocar-se na condição de intérprete que, supostamente formado, informa e enforma. Ou formata. (BARRETO, 2001, p. 199-200)

Pessoas letradas têm maior sensação de familiaridade com suportes novos e variados e têm menos preconceitos quanto ao surgimento de novos veículos e formas de publicação.

Também as improfícuas discussões sobre a substituição de umas tecnologias por outras acha-se no vácuo dos temas a que falta a perspectiva histórica. Por meio da história das tecnologias de escrita e leitura e da prática dos leitores é possível perceber a co-ocorrência dos suportes e dos textos, e a especialização de suas funções e públicos.

O livro, o jornal, a revista e a Internet tornam-se tecnologias diferentes de publicação e de leitura, o que só amplia as possibilidades de públicos e produtores. Analogamente ao que ocorre com a pintura, a fotografia, o cinema e a televisão, que se mostram meios diferentes, com alcances, funções, *status*, acessos e velocidades diferenciados.

É assim que a escola pode ampliar as possibilidades dos leitores de maneira geral, tornando parcialmente inverdade a senda aberta apenas por alguns, conforme McLuhan:

Os efeitos da tecnologia não ocorrem aos níveis das opiniões e dos conceitos; eles se manifestam nas relações entre os sentidos e nas estruturas da percepção, num passo firme e sem qualquer resistência. O artista sério é a única pessoa capaz de enfrentar impune a tecnologia, justamente porque ele é um perito nas mudanças da percepção (McLuhan, 1969, p. 34).

Referências

ARNS, Dom Paulo Evaristo. *A técnica do livro segundo são Jerônimo.* Trad. Cleone Augusto Rodrigues. Rio de Janeiro: Imago, 1993. (Coleção Bereshit)

ATAYDE, Ana Paula Ribeiro. *Metodologia de Avaliação de Qualidade de Software Educacional Infantil – MAQSEI.* Belo Horizonte: Departamento de Ciência da Computação (DCC), Universidade Federal de Minas Gerais, 2003. (Dissertação de Mestrado)

BARRETO, Raquel Goulart. As novas tecnologias e implicações na formação do leitor-professor. In: MARINHO, Marildes. (Org.) *Ler e navegar.* Espaços e percursos de leitura. Campinas: Mercado de Letras/ Associação de Leitura do Brasil, 2001. p. 199-214.

CHARTIER, Roger. *A aventura do livro.* Do leitor ao navegador. Trad. Reginaldo Carmello Corrêa de Moraes. São Paulo: Unesp, 1998.

CHARTIER, Roger. *Os desafios da escrita.* Trad. Fúlvia M. L. Moretto. São Paulo: Unesp, 2002.

FEBVRE, Lucien & MARTIN, Henri-Jean. *O aparecimento do livro.* Trad. Fulvia M. L. Moretto e Guacira M, Machado. São Paulo: Hucitec/ Unesp, 1992.

FINNEGAN, Ruth. Literacy and orality: studies in the technology of communication. Oxford: Basil Blackwell Ltd., 1988.

HAVELOCK, Eric A. *A revolução da escrita na Grécia e suas conseqüências culturais.* Trad. Ordep José Serra. São Paulo: Unesp; Rio de Janeiro: Paz e Terra, 1996.

LAUFER, Roger; SCAVETTA, Domenico. *Texto, hipertexto, hipermídia.* Trad. Conceição Azevedo. Porto: Rés-Editora, 1998. (Coleção Cultura Geral)

LÉVY, Pierre. *As tecnologias da inteligência.* O futuro do pensamento na era da informática. Trad. Carlos Irineu da Costa. Rio de Janeiro: 34, 1993.

LÉVY, Pierre. *O que é o virtual?* Trad. Paulo Neves. Rio de Janeiro: 34, 1996.

MARCUSCHI, Luiz Antônio. Gêneros textuais: definição e funcionalidade. In: DIONÍSIO, Angela Paiva, MACHADO, Anna Rachel e BEZERRA, Maria Auxiliadora. *Gêneros textuais e ensino.*Rio de Janeiro: Lucerna, 2002. p. 19-36.

McLUHAN, Marshall. *Os meios de comunicação como extensões do homem.* São Paulo: Cultrix, 1969.

McLUHAN, Marshall. *A galáxia de Gutenberg.* Trad. Leônidas Gontijo de Carvalho e Anísio Teixeira. São Paulo: Nacional/USP, 1972.

MOTA, Regina. Leitura e tecnologia: ainda a questão do meio e da mensagem. In: MARINHO, Marildes. (Org.) *Ler e navegar.* Espaços e percursos de leitura. Campinas: Mercado de Letras/Associação de Leitura do Brasil, 2001. p. 191-8.

SIM-SIM, Inês. Literacia e alfabetização: dois conceitos não coincidentes. In: *Revista Internacional de Língua Portuguesa* (RILP), Lisboa, n.2, dezembro, 1989.

SOUZA, Lusinete Vasconcelos de. Gêneros jornalísticos no letramento escolar inicial. In: DIONÍSIO, Angela Paiva, MACHADO, Anna Rachel e BEZERRA, Maria Auxiliadora. *Gêneros textuais e ensino.*Rio de Janeiro: Lucerna, 2002. p. 58-72.

Capítulo 9

CHAT: E AGOR@?
NOVAS REGRAS – NOVA ESCRITA

Else Martins dos Santos

A linguagem se renova, quando se renovam os meios.

Para início de conversa

A comunicação eletrônica está presente na vida de nossos jovens já há bastante tempo. Para essa meninada, nascida no final do século XX, ligar um computador, desenvolver *sites*, conversar na rede, expressar-se através de *blogs, fotoblogs*, enviar *e-mails* ou participar de fóruns é algo absolutamente corriqueiro.

A Internet – segundo Tyler (1995, p. 2), *uma rede global amorfa de milhares de computadores interligados que enviam e recebem informação* – vem impondo uma série de transformações nos hábitos das pessoas. Trata-se de uma rede que não tem censura, leis ou horário de funcionamento. É certo que existem as *netiquetas*, regras que o próprio uso sancionou para o envio/recebimento de e-mail, interlocuções em *chats*, participação em listas de discussão ou *newsgroup*. Mas quem não as quiser seguir, bem sabe que não precisa. A liberdade na rede é total!

Essa liberdade se estende também à escrita *on line*? Sim! Sem dúvida, e é disso que iremos tratar nas próximas linhas, especificamente em relação às interlocuções nos *chats*, ou seja, conversas *on-line* sincrônicas.

Motivação

O computador é parte do cotidiano das pessoas. Está presente na farmácia, no supermercado, na padaria da esquina, nas escolas, e, até em lares carentes, ele já força entrada como de imprescindível domínio, se se quiser uma colocação rápida no mercado de trabalho.

O que temos o privilégio de presenciar não é o surgimento de uma máquina de escrever sofisticada, mas sim, de uma tecnologia que vem instaurando novas formas de comunicação e o aperfeiçoamento das já existentes. Entre as novas formas de comunicação, podemos citar as várias formas de interação *on-line*, tais como listas de discussão, cursos *on-line*, e-conferências, *e-mail* e *chat*, sendo esta última apontada como a grande culpada pela forma 'errada' como os jovens estudantes escrevem.

Diz-se também, com frequência, que o *adolescente não lê!* É até verdade que a maioria dos jovens não lê muito a chamada *literatura de prestígio* e só o faz, quando o faz, ao ser obrigado pelos professores. Entretanto, apesar de não ser habitual e espontaneamente leitor da grande literatura, o adolescente está em permanente contato com a leitura, tendo acesso, diariamente, a inúmeros gêneros de textos (uma vez que a circulação da escrita é intensa em nossa sociedade) tais como: panfletos, revistas, *out doors*, faixas, jornais em ônibus, cartazes em supermercados e lojas em geral, músicas (poemas) que escutam, cantam e copiam com avidez, e ainda *blogs, sites, chats* entre outros. No caso dos dois últimos exemplos, esse contato permanente com a escrita e a leitura *on-line* faz com que o adolescente, cada vez mais, torne-se capaz de se comunicar pela escrita de forma eficaz, adequando-se às exigências do momento e do gênero.

Em minha prática diária, sempre ouço de meus colegas e leio, em semanários e jornais, comentários relativos à má performance dos alunos, no que diz respeito à ortografia. "É um tal de pp, vc, ñ e palavras cortadas..." Assim, se a voz do povo é a voz de Deus, concorda-se, certo? Errado!

Embora sejam muitas as análises negativas, ao observar os textos de meus alunos, não os acho assim tão desastrosos. Verifico os problemas normais de um aprendiz em busca de um melhor desempenho. Curiosamente, percebo poucas características da linguagem dos *chats* nos textos escritos por minhas turmas, em situação de sala de aula. Apesar de se falar muito que o usuário das interações *on line* (doravante IOL) está sendo influenciado negativamente pelos *chats*, acredito que essa crítica é de quem pensa a língua como forma, não enxergando coerência, integração e eficiência pragmática. O que se observa, malgrado o temor já generalizado, é a meninada ficando horas à frente do computador, escrevendo sem parar e sendo eficiente naquilo a que se propõe: trocar ideias.

Diante dessas questões, vi-me frente a um problema: o que se diz por aí – computador é prejudicial à saúde da escrita – e aquilo que eu via em minha prática diária. Solução: ficar com o senso comum ou pesquisar a influência do uso dos *chats* na escrita do adolescente. Pesquisei!

Meu ponto de partida foram os seguintes questionamentos: será que para os professores de Português os alunos escrevem de forma diferenciada, "limpando" o texto, preocupando-se mais com a forma e, ao escrever para os demais professores, centram-se mais no conteúdo? Qual será de fato o impacto da linguagem dos *chats* sobre a escrita do adolescente? O uso contínuo da linguagem dos *chats* modifica a escrita do adolescente? Quais seriam os elementos caracterizadores desse gênero textual? Em diferentes situações de produção, o aluno sabe adequar sua forma de expressão?

Formação do *corpus*

Para comparar os textos das IOL, de *natureza dialogal*,[1] com textos produzidos na escola, também dialogais, e verificar a capacidade do adolescente de adequar a linguagem ao *gênero textual* e às *condições* e *situação* de produção, procurei analisar a linguagem dos *chats* confrontando-a com textos escolares que implicassem dois agentes, tais como provas escolares, bilhetes e cartas. Compuseram o *corpus* 445,65 mb de interações *on-line* livres, ocorridas antes da formação do grupo de pesquisa, cedidas pelos participantes, todos de classe média, estudantes em uma escola particular confessional católica tendo, à época da coleta do *corpus*, entre 13 e 14 anos de idade.

Solicitei ainda aos professores de Educação Física, Física e História que pedissem aos alunos das oitavas séries, com as quais eu estava desenvolvendo a pesquisa, as seguintes produções:

a) *Educação Física* – uma carta dirigida ao professor avaliando-lhe as aulas. Os textos foram escritos no pátio, estando os alunos assentados no chão de forma bem descontraída, trocando ideias entre si, sem nenhuma interferência do professor, que apenas recolheu as cartas e as repassou a mim.

b) *Física* – uma carta dirigida ao professor também avaliando suas aulas. Os textos foram escritos em casa, não sendo a entrega obrigatória.

c) *História* – a professora elaborou uma questão aberta em sua prova do 4º bimestre de 2001 e, após correção, repassou-as a mim.

---

[1] Bakhtin considera que todo texto, mesmo quando produzido por um só agente, é orientado para um destinatário, tendo natureza dialógica. Bronkart, na mesma linha de Bakhtin, considera que, no plano do contexto, podemos considerar o número dos agentes que intervêm numa produção textual e identificar assim produções monologais – que implicam um só agente, dialogais, que implicam dois agentes e poligais, que implicam mais de dois agentes.

d) *Bilhetes* – produzidos de forma livre e espontânea, "escondidinhos" de mim e colhidos, quando deixados sob as carteiras ou quando jogados no lixo.

Os alunos, em momento algum, ficaram sabendo que os textos que estavam produzindo para os professores de Física, Educação Física e História seriam analisados por mim, uma vez que isso interferiria nas produções alterando os resultados, pois acredito que para o professor de Português escreve-se de forma diferenciada, dando-se mais atenção à forma, o que não ocorre com outras disciplinas, questão já estuda por Guimarães (2001).

Discussão inicial: Chat – escrita ou fala?

Marcuschi (1995) afirma que tanto a fala quanto a escrita variam em função de um contexto, de uma situação de produção e de um portador específico. A língua é um fenômeno heterogêneo, variável, indeterminado e situado, refletindo a organização da sociedade. Os sentidos, tanto da fala quanto da escrita, segundo Marcuschi (2001), só se dão em um determinado *contexto*, ou seja, mantêm relações com as representações e formações sociais e culturais, sem que se pense, entretanto, que o conhecimento de uma língua nos levaria a conhecer a cultura que ela veicula. "A língua é um ponto de apoio e de emergência, de consenso e dissenso, de harmonia e luta" (MARCUSCHI, 2001, p. 35) podendo apresentar-se em duas modalidades: escrita e falada. Portanto, os textos, dependendo das condições de produção e da circulação, apresentam um registro ou mais formal, ou menos formal. Penso que, como afirma a teoria do *continuum*, há alguns gêneros que *mesclam a escrita* – em função do suporte – *com a fala* – em função de similaridades no processamento, como por exemplo, o objeto deste estudo – *as* interações *on-line, os chats*.

É sabido que entre diversos gêneros de textos falados e de textos escritos podem ocorrer sobreposições que não se adequam a uma oposição absoluta entre fala e escrita. Pensemos em gêneros como bilhetes, cartas pessoais, *chats, e-mails,* avisos e inquéritos. Seguindo a já citada teoria do *continuum dos gêneros,* de Marcuschi (2001), esses textos correlacionam as duas modalidades (fala e escrita). É muito mais fácil aproximar um *chat* ou um bilhete de uma conversa do que de um texto acadêmico, o que por si só já denuncia seu caráter de oralidade, mas não se pode negar seu caráter de escrita em função do *meio de produção – gráfico,* e da *concepção discursiva – escrita.*

Nas IOL, o *processo de produção* e o *modo de processamento* do texto trazem características tanto da conversação face a face quanto da escrita. A seguir, cito algumas dessas características:

• Conversa em tempo real;
• Interlocutores espacialmente distantes;
• Ausência de recursos prosódicos,
• Marcação por escrito de recursos paralinguísticos (risos, Zzzzz)
• A execução do que se vai escrever dá-se junto com o planejamento sendo possível, em alguns programas, acompanhar-se o processo de produção;
• Repetição de sinais de pontuação, palavras; expressões etc;
• Uso de marcadores conversacionais;
• O interlocutor é coprodutor do texto;
• Tempo de produção da escrita mais lento que o da produção oral;
• Passagem e tomada de turnos.

Embora não seja possível fazer uma distinção dicotômica, *falar é diferente de escrever.* Não se escreve como se fala de forma alguma. Nem na IOL, em que se observa uma enorme proximidade entre fala e escrita, a escrita é a representação direta da fala. Na fala, pensamos e falamos quase que simultaneamente. Usamos o olhar, o tom de voz e os gestos. Na IOL, não podemos utilizar esses recursos, sendo necessário criarmos outros, paralinguísticos. Diferentemente da fala, em que pensamos e organizamos o pensamento em função da exposição oral, na IOL pensamos e organizamos o pensamento em função da escrita, devendo o *chatter* ter um domínio do funcionamento da escrita, a fim de ter sucesso em sua interação.

Segundo Fávero (1998), quando escrevemos precisamos estar atentos a um número muito grande de operações, tais como: a resolução sobre o que deve ou não ser explicitado, a maneira como as informações devem ser organizadas e as formas como vamos estruturar os aspectos micro e macrotextuais. Essas operações precisam ser realizadas para que o texto escrito se constitua como um material que cumpra sua função interlocutiva. As relações que estabelecemos através da ordem e da articulação dos termos na oração, da ordem e da articulação das orações no período, do uso de conjunções e preposições, da concordância e da regência assumem importância fundamental na construção do texto escrito, sobretudo na construção daqueles que devem atender às exigências dos gêneros escritos formais, o que não é o caso do gênero em estudo. Em outras palavras, a escrita tem um *funcionamento* próprio que se dá por meio de "arranjos sintaticamente" (cf. Dijk, 1980) estruturados.

Entretanto, numa IOL, o *chatter*, ao escrever o que pensa, lança mão de recursos linguísticos que fogem dos aspectos formais da escrita e busca "imitar" a informalidade e espontaneidade do discurso oral cotidiano, através do uso de onomatopeias, alongamentos de vogais e consoantes, entre outros elementos. O que se percebe é uma proximidade muito grande das estratégias da oralidade na formulação da escrita, tais como o descuido proposital com algumas regras que regem a escrita. Assim, como negar que a IOL *imbrica características da fala e da escrita*, sendo escrita com condição de fala? Ora, se as condições de produção do gênero *chat* misturam as modalidades fala/escrita, o texto que se lê numa interação *on-line* é escrito *"falado"*.

A IOL faz parte de uma nova prática social que envolve o uso da língua escrita e falada. É texto falado por escrito, sendo necessário localizar este novo gênero no "entrecruzamento entre fala e escrita" (MARCUSCHI, 1999), daí a necessidade também de se relativizar a noção de *continuum* e assumir a noção de *imbricação*, ou seja, *IOL não é escrita nem fala, mas a mescla dos dois*. O que me interessou em minha pesquisa foi trabalhar com uma noção de imbricação como a defendida por Marcuschi (2001, p. 35), para quem a imbricação é

> uma relação escalar ou gradual em que uma série de elementos se interpenetram, seja em termos de função social, potencial cognitivo, práticas comunicativas, contextos sociais, nível de organização, seleção de formas, estilos, estratégias e de formulação, aspectos constitutivos, formas de manifestação e assim por diante.

Essa noção quebra com o equívoco de se afirmar a escrita como uma representação gráfica direta, fiel e plena da fala; impossibilita o estabelecimento de diferenças nítidas entre fala e escrita e obriga a observação dos usos sociocomunicativos da língua.

Sendo esse um assunto extremamente polêmico – escrita é sempre escrita e nunca fala e fala é sempre fala e nunca escrita – mais importante que ficar situando a IOL entre fala e escrita foi analisá-la como uma nova forma de nos relacionarmos com a escrita, misturando de um lado elementos da fala – manifestação natural, adquirida no cotidiano e, de outro, elementos da escrita – marca cultural, adquirida, quase sempre, institucionalmente.

Chat – um gênero textual emergente das comunicações mediadas por computador (CMC)

Bakhtin considera que todo texto é orientado para um destinatário devendo os traços dessa interação entre autor e destinatário ser objeto de análise. Para Bakhtin (2002, p. 126),

> toda situação inscrita duravelmente nos costumes possui um *auditório organizado* de uma certa maneira e conseqüentemente

um certo repertório de *pequenas fórmulas correntes*. A fórmula estereotipada adapta-se, em qualquer lugar, ao canal de interação social que lhe é reservado, refletindo ideologicamente o tipo, a estrutura, os objetivos e a composição social do grupo.

Consideramos, num plano epistemológico, que toda instância enunciativa é dialógica. Essa abordagem, defendida principalmente por Bakhtin, considera que todo texto é orientado para um destinatário. Segundo Bronckart (1999, p. 183), no plano do *contexto*[2]

> podemos considerar o número dos agentes que intervêm em uma produção textual e identificar, assim, produções monologais (que implicam apenas um agente), dialogais (que implicam dois agentes) e polilogais (que implicam mais de dois agentes). No plano do *texto* mesmo, podemos identificar segmentos de monólogo (que traduzem uma tomada contínua da palavra) e segmentos de diálogo ou de polílogo (que põem em cena turnos de fala sucessivos)

Nos *chats*, por se tratar de conversação por escrito em tempo real e em meio eletrônico, observam-se, no plano do *contexto*, situações dialogais e polilogais, implicando ora dois agentes, ora mais de dois agentes – nas conversas em aberto –, quando mais de duas pessoas trocam ideias. Podemos observar, nesse plano, uma *imbricação* entre a modalidade oral e a escrita, uma vez que o gênero em estudo é produzido por escrito, com alguns traços característicos da fala, conforme exploraremos mais à frente. O fato de o *chat* constituir um gênero dialogal/polilogal, segundo Bronckart (1999), exercerá uma influência sobre o texto em seu conjunto. Toda a sua estrutura será influenciada por essa característica. É como se tivéssemos uma conversa transcrita em tempo real, como se pode observar no exemplo que segue, acrescentando-se a

---

[2] Para Bronckart, o contexto pode ser definido como o conjunto dos parâmetros que exercem uma influência necessária sobre a organização dos textos. Seriam esses fatores referentes ao *mundo físico*: lugar e momento de produção, emissor (produtor ou locutor) e receptor – e ao *mundo social*: normas, valores e regras e posição social dos interlocutores.

essa conversa elementos paralinguísticos, a serem vistos posteriormente, e o uso intenso dos sinais de pontuação, a fim de enfatizar o dito, numa tentativa de remediar/substituindo a ausência da entonação.

Por ser uma estrutura dia/polilogal o *chat* apresenta uma alternância entre os enunciados que são, geralmente, bem curtos. Observe-se que a escrita do adolescente, nos *chats*, é marcada pela tentativa de reproduzir a forma como se pronunciam algumas palavras, sendo a escrita uma tentativa de representação de alguns aspectos da fala, respeitando-se elementos como saudação inicial e final, sequência da conversa, lógica entre os conteúdos em pauta, coerência entre os tempos verbais etc, como se pode observar no exemplo que segue:

Exemplo de Interação em ICQ

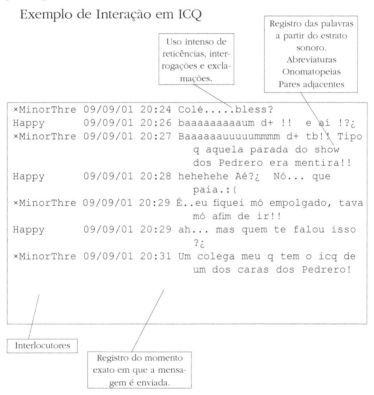

Temos aqui uma situação dialogal em que cada intervenção é precedida pelo nome do interlocutor, do dia, mês, ano e horário da conversa com marcação, inclusive, dos segundos, em que cada intervenção foi feita. Esse fator é importante, pois a *seção pode ser salva*, e os interlocutores, ao retomarem a conversa, em outra ocasião, e se necessário, têm como rever o que foi conversado, qual o clima da conversa, quando foi a última interação, se a conexão estava boa, que questões ficaram pendentes, que brincadeiras surtiram efeitos positivos ou negativos, evitando-se, assim, alguns constrangimentos muito comuns na conversação fora do espaço cibernético, quando se conta apenas com a memória para se retomar o dito.

Caracterização da linguagem das IOL

a) Os emoticons

Na linguagem oral é muito forte a ocorrência de *recursos não verbais* (STEINBERG, 1988) ou *extra linguísticos*, normalmente empregados pelos falantes de uma dada língua, numa conversa. Eles podem ser:

a) *paralinguísticos*: sons emitidos pelo aparelho fonador, mas que não fazem parte do sistema sonoro da língua usada;

b) *cinésicos*: movimentos do corpo como gestos, postura, expressão facial, olhar e riso;

c) *proxêmicos*: a distância mantida entre os interlocutores;

d) *tacêsicos*: o uso de toques durante a interação;

e) *silêncio*: ausência de construções linguísticas e de recursos da paralinguagem, que é

> uma espécie de modificação do aparelho fonador, ou mesmo ausência de atividade desse aparelho, incluindo nesse âmbito todos os sons e ruídos não-lingüísticos, tais como assobios, sons onomatopaicos, altura exagerada (STEINBERG, 1988, p. 5).

Assim, os gestos, a entonação da voz, a forma de olhar, enfim, todo o corpo entra no processo de dar sentido ao texto construído. Como fazer, entretanto, quando a interação *só depende da palavra escrita*, é *on-line*, e o que se quer dizer deve explicitar as intenções de quem produz o texto, a fim de se tentar evitar desentendimentos?

O que se observa nas IOL é muito interessante. Os usuários desenvolvem uma forma particular de expressão de suas emoções através do uso dos *emoticons* ou símbolos icônicos que ajudam na expressão das emoções. Nos *chats*, os *emoticons* parecem querer substituir os elementos extra linguísticos e mesmo expressões inteiras no processo de comunicação. Intensificam a expressão escrita, marcando suas emoções, dando a ela um alto grau de informalidade.

Verifiquei que os adolescentes não gostam de usar os *emoticons* que vêm oferecidos nos programas. Em entrevista, afirmaram que "é paia", que "é melhor" criar seu próprio símbolo. O *emoticon* é mais comumente observado em conversas entre pré-adolescentes. Apresento a seguir alguns *emoticons*[3].

Além de aparecerem em forma de desenhos, os *emoticons* ou *smileys* podem ser criados usando combinações diversas do teclado – sendo esses mais comuns entre os adolescentes. São também chamados de *símbolos icônicos* e têm como finalidade mostrar um estado emocional, representando uma possível expressão facial com sentido e intenção determinados, principalmente, pelo contexto verbal em que aparecem. Por exemplo: em uma interação

<»▫.»Travis«.▫«> registrou:

<»▫.»Travis«.▫«> LOL *:-) :-)*

---

[3] Colhidos no *chat* do UOL. Cada portal apresenta seus ícones, não há sistematização dos desenhos, mas as intenções são sempre as mesmas. Nas interações por ICQ ou Irc usam-se símbolos icônicos construídos no próprio teclado: J, L, :-). :-(.

Em uma pesquisa anterior pude verificar que o uso de *emoticons* é mais comum entre pré-adolescentes e muito pouco observado entre adultos, estando intimamente ligado ao grau de amadurecimento do indivíduo e à imagem que deseja criar no receptor.

Quadro 1 – *Emoticons* na interação.
Interação entre adultos, colhida no site da UOL

(18:34:19) **malcriada*** *fala para* Josi.:

(18:34:37) **Cafajeste1,92**: sai da sala...

(18:34:40) **malcriada*** *fala para* Josi.: ops, naum era esta a cara....era esta...

(18:34:43) **Isa46sp** *fala para* larissa: Brigadinha.

(18:34:45) **mafarrico** *fala para* nin: Ah, tia. Por falar em bloco, tá a fim de sair no "concentra mas não sai""?

Quadro 2 – *Emoticons*

Emoticons	Significados
	Aborrecimento
	Simpatia
	Tentativa de tornar-se engraçado
	Beijo. Tentativa de sedução
	Desprezo
	Alegria
	Desagrado
	Doido
	Assustado
	Aprovação
	Sedução
	Raiva

O que ele quis dizer? LOL significa laugh *on-line*. Apertando-se a tecla Ctrl seguida da tecla G, envia-se para o computador do companheiro de conversa uma risada. Os símbolos *:-) :-)* podem representar felicidade, simpatia, bom humor, uma brincadeira qualquer, uma alegre surpresa etc.

Só o contexto poderá determinar o sentido de alguns *emoticons* em uma *IOL*, mas o conhecimento das regras de funcionamento do programa ajudam muito a comunicação.

Apresento a seguir alguns *emoticons* de teclado:

QUADRO 3- *Emoticons* **construídos a partir dos caracteres do teclado**

Símbolos icônicos Ou emoticon de teclado	Sentido básico
:-)	Prazer, humor, etc
:-(	Tristeza, insatisfação, etc
;-)	Paquera (entre outros sentidos possíveis)
;-(ou :~-(	Chorando
%-(ou %-)	Confusão
:-o ou 8-o	Chocado, surpreso
:-[ou :-]	Sarcasmo
[:-)	Usuário com walkman
8-)	Usuário com óculos de sol
B:-)	Usuário com óculos de sol sobre a cabeça
:-{)	Usuário com bigode
:*)	Usuário está bêbado
:-[	Usuário vampiro
:-E	Usuário com caninos de vampiro
:-F	Usuário vampiro banguela
:~	Usuário friorento ou com frio
:-@	Usuário está gritando
-:-)	Usuário punk
-:-(	Punk de verdade não sorri

+-:-)	Usuário cristão
0:-)	Usuário é um anjo ou tem um anjo no coração.
8-{)	Usuário usa óculos e bigodes
>[]	Usuário usa disfarce

(CRYSTAL, 2001, p. 37)

Segundo Lundstrom (1995) e Johnson (1997), a incorporação de traços fonéticos e prosódicos ao texto escrito nas IOL trata-se de uma forma de economia da escrita, com a aceleração do processo de produção e de decodificação das mensagens, bem como de um dispositivo de contextualização *afetiva* dos enunciados produzidos com consequente expansão da carga comunicativa dos enunciados. Penso que os *emoticons*, funcionam bem desarmando os interlocutores e substituindo o sistema alfabético. Entre adolescentes, pouco verifiquei o uso desse recurso, principalmente daqueles oferecidos pelo programa ICQ, onde colhi meu *corpus*. Há, posso afirmar, uma certa preferência pelos *emoticons* construídos no teclado, e, mesmo assim, com pouquíssima variação, conforme podemos verificar no quadro a seguir, fruto da análise de meu *corpus*:

QUADRO 4- Sistematização de *emoticons* de teclado

Emoticons construídos no teclado			
Identificação	Sentido	Ocorrências	Exemplo
:)	Feliz	3	ow, agente entrou véi!! hehehehe :)
:(	Infeliz	2	Nó... sacanagem... tava doido pra ir... :(
;)~	Paquera	1	;)~ Garanhão!!
>:)	Variação de feliz	2	Em resposta a uma observação: >:)
>:(	Variação de infeliz	2	Putz... aí é paia... tsc.. tsc.. tsc.. Viu?!!! Seu irresponsável!!>:(
8-)	Feliz de óculos	1	Heye doido 8-)

=)	Feliz	2	Aé ?¿ Nó que doooooooooido!! =) Quanto foi?¿ R$25,oo ????
=(	Infeliz	1	Ah só. Tsc ... esses lance de sentimento é fôda né kara. =(
=====8^)	Cabelo de punk	1	Vc viu né kara ... moicano de 5 metros... hehehe ======8^)
====80)	Cabelo de punk	1	Eh mermo!! Deve até pesar ===80)
°ooO0Ooooo00°ooOOoo00°	Bêbado	1	heheheh hic... hic... °ooO0Ooooo00°ooOOoo00°
:) ~	Feliz - Variação	1	Ué... pó manda?¿ ?¿ :) ~

Apesar da sistematização dos *emoticons* de teclado feita por Cristal (2001, p. 37), cabe registrar que essas marcas têm o sentido alterado conforme o grupo em interação. Os interlocutores criam suas próprias marcas, em função do que estão conversando, sem a preocupação de criar um código a ser seguido à risca. Em verdade, bem poucas são as marcas padrão. As mais utilizadas são aquelas que querem demonstrar satisfação J, :-) ou insatisfação L, :-(tendo muitas formas de apresentação, como se pode observar no quadro anterior. Sozinhos, dificilmente os *emoticons* dizem algo. Geralmente abrem ou fecham um comentário qualquer, agindo como reforçador de sentido, um recurso paralinguístico, que substitui na escrita os gestos, a entonação de voz ou uma expressão facial.

Definitivamente, os *emoticons* não são a mais importante característica de uma IOL, mas, contraditoriamente, parece ser a que mais chama a atenção, tanto que sua ocorrência em textos escolares, mesmo que esporádica, já serve de pretexto para se acusar a escrita *on-line* de vilã da "falência" da escrita da língua portuguesa.

b) Uso de onomatopeias

Na tentativa de representar um som qualquer – um grito, um bocejo, uma ênfase numa determinada sílaba – os interlocutores usam da onomatopeia. Trata-se de um recurso que nomeia a capacidade dos usuários de uma língua de formar uma palavra que reproduza sons e ruídos variados. Através das onomatopeias – alongando vogais e consoantes ou mesmo criando algumas sequências vocálicas e/ou consonantais, ou ambas – os usuários das IOL conseguem causar nos interlocutores a sensação de como determinada palavra deve ser lida e que intenção elas carregam.

Essas marcas são de difícil categorização, uma vez que, apesar de não mudar a forma, mudam a *intenção* em função do lugar em que aparecem na interação. A forma *humm* ora é marca de apreciação, ora é marca de repreensão e ora, ainda, de sedução. Um *rrtrtrtrtrtrtrtrt* pode ser frio ou uma rajada de metralhadora. Uma onomatopeia só tem sentido no contexto, não podendo ser interpretada fora dele, como pode, às vezes, ocorrer com os *emoticons*.

Oooopa	Uiuiuiiii	Mmmmm	aaaaaaa	rrtrtrtrtrtrtrtrt	voooooooltooo
Sssssss	Hihi	Nehhh	ahhhh	Ichhh	sssseu
hehehehe	Uebaaaa	verrr	aiaiiiiii	oowwww	yessss
Ziiiinnnn	Hahahahah	eeeee	bestaaaaa	Bommmm	dezzzzz
Hummm	Hauauauaua u	pesssst	ncsigooooo	Fuiiii	passsssssseeee eiii
Olaaaaa	Nuuuuu	simmmmm m	conhecerrr	Hihi	laaaa

O uso desses recursos, longe de agilizar a comunicação, objetiva sensibilizar o interlocutor, levando-o a:

• compartilhar com o emissor uma determinada sensação: bommm, dezzz

• expressar um estado de espírito: oiii, ichhh, uiuiui, hihi, simmm;

• desfazer um mal-entendido: ncsigooo, voooooltooo;

• fazer uma repreensão: bestaaaa, ooooopa;

- enfatizar uma determinada ideia: yesss, passssseeeeeiiii;
- marcar prosodicamente uma expressão: dezz, laaa,verr;
- seduzir de forma delicada: lindddooo;
- manter o canal de comunicação aberto: hihi, uiuiui, mmmm, ooowww;
- transmitir uma sensação física: rrrtrtrtrtrtr (frio).

Observando o gráfico a seguir, pode-se concluir, apressadamente, que as onomatopeias são um recurso insignificante nas IOL. Mas esse é um engano.

As onomatopeias chamam muito a atenção por serem por demais visíveis, bastante longas, ocupando, não raro, linhas inteiras numa só sequência, como se pode observar no exemplo que segue.

São esporádicas, mas constituem-se num dos aspectos responsáveis pela aparência de descontração e de proximidade da oralidade das IOL.

Gráfico 1 – Ocorrência de onomatopeias

> ëd«¤¥ 01/07/01 12:57 ow para de encher o saco
> [Gibson] 01/07/01 12:58 ?
> ¥¤»Tëd«¤¥ 01/07/01 12:58 de ontem
> [Gibson] 01/07/01 12:59 não.....
> hauHUAHUhuahuHAUHuahuhauhUHAUhuahuHAUHuahuHUAHUha
> hUAHUhuahuHUAHuhauHUAHUhuahuhuhUHAUHuahuHUhauHUAH
> huahuHAUHuahuhauhUHAUhuahuHAUHuahuHUAHUhauhUAHUhu
> huHUAHuhauHUAHUhuahuhuhUHAUHuahuHUhauHUAHUhuahuHA
> HuahuhauhUHAUhuahuHAUHuahuHUAHUhauhUAHUhuahuHUAHu
> auHUAHUhuahuhuhUHAUHuahuHUhauHUAHUhuahuHAUHuahuha
> hUHAUhuahuHAUHuahuHUAHUhauhUAHUhuahuHUAHuhauHUAHU
> uahuhuhUHAUHuahuHUhauHUAHUhuahuHAUHuahuhauhUHAUhu
> HUhauHUAHUhuahuHAUHuahuhauhUHAUhuahuHAUHuahuHUAHU
> auhUAHUhuahuHUAHuhauHUAHUhuahuhuhUHAUHuahuHU
> ¥¤»Tëd«¤¥ 01/07/01 13:02 arrumei um programa que reduz os lags do aoe

c) Redução da extensão das palavras

Em função do suporte, em um *chat* é preciso ser rápido. Para tal, o *chatter* transcreve o *estrato sonoro* de algumas palavras, reduzindo o tempo de escrita, bem como o produto final, ao máximo, desconsiderando qualquer norma gramatical, apoiando-se única e exclusivamente no som. Observe-se que não falamos aqui de abreviaturas, mas de cortes nas palavras, tendo esses cortes como princípio norteador o *som* que os vocábulos evocam. A esse fenômeno Souza (2000) chama de *acrônimos*, ou seja, a leitura das letras isoladas evoca um som semelhante ao que se quer dizer (q, vc, hj, rouk à are you ok?). Souza (2000, p. 72) acrescenta que

> ocorre efetivamente uma representação de vocábulos por homofonia dos sinais utilizados na representação. Estes sinais usualmente não equivalem à inicial do vocábulo,[...] podendo ocorrer a utilização das letras iniciais de frases inteiras.

Vários foram os recursos de redução observados no *corpus* em análise. Vejamos.

b1- Sons das letras associados a símbolos matemáticos. Escrita ideográfica:

D+	Demais
T+++++	Até mais

b2- Uso de consoantes que têm em sua pronúncia o som de uma vogal:

Blz	Beleza
Kra	Cara
Msmo	Mesmo
Q	Que
Tc	Tecer = conversar *on-line* Ou teclar

b3- Uso das consoantes mais sonoras de palavras dissílabas:

Pq	Porque	Qto	Quanto
Tb	Também	Hj	Hoje
Md	Modo ou mundo (depende do contexto)	Hrs	Horas
Vc	Você	Mto	Muito
Qdo	Quando		

b4- Expressões reduzidas a apenas uma palavra:

Kolé ou colé	Qual é	dukarái	Do caralho
procê	Para você	xôtefalá	Deixa eu te falar
cumé	Como é	né	Não é?

b5- Interrupção da palavra em sua sílaba tônica, mantendo-se, por vezes, a pós-tônica:

Cê	Você	tâmus	Estamos
Te	Até	Fi	Filho
Tá	Está	Po	Pode
Tava	Estava	nó	Nossa

b6- Uso de estrato sonoro da língua inglesa

Fragay	Fraguei
Pegay	Peguei

b7- Modificação da representação convencional dos sons nasais:

Naum	Não	vaum	Vão
Intaum	Então	daum	Dão
Baum	Bom	estaum	Estão
Saum	São	taum	Estão
entaum	Então	jaum	João

b8- Marcação das sílabas tônicas com o uso da letra *h*

Soh	Só	Moh	Mó
Lah	Lá	Neh	Né
Eh	É	Já	Jah
Ahí	Aí		

b9- ***K*** substituindo o dígrafo ***QU***

Aki	Aqui	Tikim	tiquinho

b10- Economia na escrita de letras mediais

Loko	Louco	Loca	Louca
Pra	Para	Véio	Velho
tumem	Também		

Dos dados acima, é possível observar que há certos critérios nas reduções operadas. Observei que os interlocutores compartilham as normas de redução, por eles próprios estabelecidas. Não houve nenhuma ocorrência de um perguntar ao outro o que se queria dizer com esta ou aquela expressão. Parece haver um acordo tácito e informal de como agir: ao ler ou escrever uma redução ou um acrônimo qualquer.

Aqueles que entram pela primeira vez em um *chat*, vão aos poucos compreendendo as normas pela observação do uso e adequando-se às exigências do grupo. Todas as reduções são determinadas pelos sons das palavras e, em diferentes contextos, mantêm seu valor semântico, ou seja, *mt* é sempre muito, *vc* é você e *aki* é aqui e ninguém tem muita dificuldade de perceber isso. Assim, em situações mais descontraídas, tais como anotações para uso pessoal de aulas, bilhetes, rascunhos etc, o adolescente tende a usar essa nomenclatura em seus textos, mas não o faz em situações mais formais, como observei na análise das cartas aos professores e na prova de História.

Operando com gráfico temos o seguinte painel:

Gráfico 2 – Ocorrência de redução de palavras

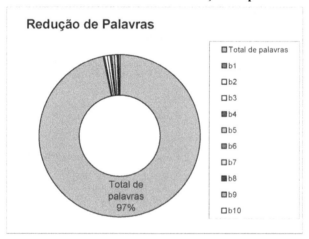

b1= símbolos matemáticos, b2= redução a consoantes com sons de vogais em sua pronúncia, b3= redução a consoantes mais sonoras; b4= redução de expressões a uma só palavra; b5= corte na sílaba tônica; b6= estrato sonoro de língua inglesa; b7= representação de som nasal; b8= uso de h na marcação de tônicas; b9= uso da letra k em lugar de QU; b10- omissão de sons mediais.

Em relação ao número total de palavras do *corpus*, as reduções são aparentemente insignificantes, mas ao confrontá-las com outras características dos *chats*, pode-se ver que o quadro muda um pouco.

Uma ocorrência que chamou minha atenção foi a dos ditongos nasais – *ão*. Eles são frequentemente substituídos pelo *–um* e é fácil perceber que essa prática tem sua origem na linguagem telegráfica, bem como a marcação das vogais tônicas com o *h*. Fica, naturalmente, a pergunta: não é muito mais longo e complicado escrever *joaum* do que *João*; *naum* do que *não*? E o uso do *h* marcador de tônica não quebra também a regra da economia?

No primeiro caso, se observarmos o teclado, percebemos o quão próximo o *–m* está do *–u*, na mesma linha, o que não altera o tempo de digitação. Já o segundo caso, remonta ao início das comunicações *on-line*, quando o teclado ainda não tinha outros caracteres senão as letras e números. Por outro lado, se levarmos em consideração o princípio básico dos *chats*, que é a agilidade, verificaremos que é bem mais trabalhoso usar a tecla *shift* + acentos/letras. Mas, em se tratando do uso do caractere til, essa tentativa de explicação também não procede, uma vez que o til não exige o uso do *shift*. O que poderia explicar a preferência da escrita -aum por –oão seria menos o uso do teclado ou dificuldades de digitação e mais a questão da irreverência, própria ao gênero em estudo, e sua quase necessidade de se escrever tentando corresponder à escrita o som da fala. Ninguém diz *João* e sim *Jaum*, *não* e sim *naum*. Há que se notar, ainda, que só mais recentemente, os teclados vieram a apresentar todos os caracteres que usamos na escrita brasileira. Evitava-se – e ainda se evita – o uso de cedilhas, acentos e til em função de conflitos entre computadores.

Herança da linguagem telegráfica, a marcação da sílaba tônica com o *h* permaneceu, embora os pesquisados não saibam exatamente porque o usam, mas mantêm esse hábito por uma questão de estilo. Por outro lado, é bom lembrar *que, quando uma palavra se inicia com –h*, a tendência do *chatter* é omitir esse –*h* não sonoro e, portanto, dispensável. Assim, *hoje* vira *oje* ou *oji*.

O uso do –K e –W também merece algumas considerações. Para início de conversa, essas duas letras quase não aparecem em vocábulos de língua portuguesa, tendo seus correspondentes nas letras C e no dígrafo QU, no primeiro caso, e nas letras U e V, para o segundo caso. Verifiquei no *corpus* a ocorrência do K para substituir o dígrafo QU o que comprova a tese da economia. Mas pude também verificar o uso dessa mesma letra em vocábulos como loko, karalho, fiko, fikam, kara, tokar e o uso do W em ow e falow. Com que finalidade, se não se verifica aí a busca de rapidez e economia? Conversando com alguns *chatters* ficou claro que essa é, mais uma vez, apenas uma questão de estilo:

"É só pra ficar diferente."

"Ah, é legal."

"Chama mais a atenção."

"Parece que fica mais descontraído."

"Ahhh... é pra ter a nossa cara."

Parece-me, portanto, que muito além do princípio da economia, há um outro elemento que paira sobre a escrita do *chatter*, que é o desejo de parecer irreverente, descontraído, *estiloso,* modificando a norma em favor de um código próprio, mas não tão pessoal que impossibilite a comunicação com um interlocutor. A marca principal de sua escrita é sempre a tentativa de desobediência às normas gramaticais preestabelecidas no que diz respeito, principalmente, à ortografia, à pontuação expressiva e ao registro quase obrigatório da forma como se falam as palavras, elegendo uma escrita, muitas vezes, iconográfica e seguindo a ordem gramatical sujeito-verbo-predicado. Assim como as onomatopeias, a forma como as palavras são escritas parece ter mais a ver com estilo do que com o princípio da economia.

A linguagem dos *chats* não chega a ser incompreensível às pessoas em geral, mas desenvolve abreviações, onomatopeias, usa os blocos pontuais expressivos (BPE), é ágil, exótica, híbrida, de caráter mais fechado e, se, como já afirmei, não chega, geralmente, a ser ininteligível aos não iniciados, fere os princípios linguísticos daqueles que só enxergam a língua como produto normativo.

A linguagem dos *chats* faz uso de gírias, nasce do uso – da associação com os sons da fala – muda conforme muda a fala, como se pode observar nos exemplos do quadro que segue, que apresenta exemplos de expressões típicas da fala do adolescente, registradas em meu *corpus*.

> Ow, Tipo que, Tipo assim, Ah só!, Vocês tomaram pau?, Doido!!!, Soh, Falows!, Cole, Que saco, pode crer, mó viaje.

Essa forma de expressão pode ser uma maneira de negar a linguagem oficial. Isso muito agrada aos adolescentes e vem de encontro a seu desejo de romper, fazendo-o sentir-se único, especial e acima de tudo como alguém que age de forma contracultural

d) Uso de pontuação expressiva

Comparando as produções textuais de um *chat* com demais gêneros como carta, respostas de provas, entre outros, impressiona a forte ocorrência de pontuação expressiva. Verificamos 621 blocos de interrogações(????), exclamações(!!!!!), interrogações e exclamações juntas(?!!!), interrogações quebradas (?¿), reticências [...] – às vezes tão repetidas que ficamos na dúvida se são reticências repetidas ou simplesmente uma forma de marcar pausa longa.

> Ex.: *MinorThre 23/09/01 21:05 HEhehe........eu tava precisando de uma dessas....................pra aprender!!*

Villela (1998) afirma que o significado é produzido na instância de enunciação, durante o processo de interação e que quem pontua um texto está dando *pistas* para *construção de sentido* por parte do leitor. Acrescenta ainda que a pontuação pode ser considerada um elemento fundamental na produção de sentido do texto escrito, pois marca os limites e a segmentação dos enunciados, ou seja, *a constituição e as ligações das partes*. Para a autora, portanto, a pontuação deve ser entendida como um *conjunto de pistas* direcionadas a um interlocutor, a fim de que este possa construir o *sentido desejado* pelo autor do texto. Os sinais de pontuação passam, sob esse ponto de vista não prescritivo, a ser considerados valiosos instrumentos de *interação* através da escrita. Villela (*op. cit.*) insiste em que o texto escrito configura um jogo entre sujeitos, entre locutor e interlocutor e a pontuação faz parte desse jogo. Pontuar um texto é *já* atribuir-lhe um sentido, é deixar para o futuro leitor os sinais que conduzem ao sentido pretendido pelo autor. Isso é perfeitamente confirmável em um *chat* entre adolescentes. A pontuação é um elemento semântico dentro do texto, ela possui uma carga significativa de grande importância para quem envia a mensagem, que pensa com ela estar sendo mais expressivo com seu interlocutor

Ao compararmos entre si as características da linguagem de um *chat*, analisadas até agora, a *pontuação expressiva* desponta como o item mais característico desse gênero, seguido de perto pelas reduções de palavras. Essa afirmação que acabei de fazer poderia ser vista como uma confirmação do senso comum, fortemente normativo, que aponta o *chat* como lugar onde se escreve mal, como o lugar do erro, caso consideremos escrever bem como escrever conforme as formas prescritas pela gramática normativa. Para Melo (1957, p. 51) citado em Villela (1998), entretanto,

> "certo" e "errado", em linguagem, são conceitos arbitrários e pessoais, mas sólidos, definidos e definíveis. Erro é o que des-

toa da tradição, dos hábitos linguísticos de uma comunidade. Acerto é o que afina com tais hábitos, o que se identifica com uma tradição e a continua. A norma, pois, em linguagem, é criada a partir dos costumes, por isso caracterizada como consuetudinária e não decorrente de uma lei positiva, que parte de um legislador, ou de uma suposta lei ideal, formulada pelo raciocínio de um gramático.

Observe-se pois, que em um *chat* o erro estaria em se escrever afinado demais com as normas gramaticais. A necessidade de velocidade, de irreverência, de construção de um estilo próprio e da constituição de um grupo determina a norma nesse gênero. E a norma é: cortar palavras, usar abreviaturas, *emoticons*, onomatopeias, gírias e pontuação expressiva procurando todos os recursos capazes de tornar a comunicação algo bem informal.

Os bilhetes

Verifiquei nos *chats,* como exposto até o momento, uma certa despreocupação com as normas gramaticais impostas pela tradição. A mensagem é cuidadosamente trabalhada para parecer descontraída e informal. Assim, o *como* se diz importa tanto quanto o *que* se diz.

Também nos bilhetes observei uma escrita espontânea com intenso uso de reticências, mistura de pessoas gramaticais – você e te – uso de palavras em inglês, frequente tom de humor e deboche, pontuação descuidada e tentativa de manter o ritmo da fala.

Em um mesmo papelzinho, alternam-se várias interlocuções. O papel, normalmente, é muito pequenino ou vem todo dobradinho, a fim de circular bem discretamente, uma vez que o professor não pode ver. A alternância das interlocuções faz-se através do uso ora de lápis, ora de canetas de mesma cor ou de diferentes cores, objetivando demarcar os turnos, o que é desnecessário, pois cada um conhece a própria letra. Essa alternância de tons e tamanhos de fontes e uso de diferentes materiais – grafite e tinta – parece ter grande importância para os bilheteiros, que produzem os bilhetes como se estivessem em um *chat*.

Os interlocutores sempre iniciam a conversa cumprimentando-se e os vocativos usados são, diferentemente dos *chats*, os nomes próprios dos envolvidos na conversa, havendo um ou outro KOLÉ. As saudações finais, nem sempre ocorrem, mas, quando acontecem, assemelham-se às dos *chats*: b-jim. Uma característica muito observada nos *chats,* também presente nos bilhetes, é a marcação das tônicas nasais (ão) por –aum : Jaum, naum. Naturalmente, não se pode dizer que esse seja um traço exclusivo dos *chats*, ou que nasceu com ele, pois trata-se de herança dos telegramas. Nesse gênero textual – o telegrama – no lugar do acento agudo, colocava-se um "h". Assim "*é*" virava "*eh*", no lugar de uma vírgula, escrevia-se "*vg*", no lugar de um ponto "*pt*", "*vão*" virava "*vaum*" buscando-se sempre a economia de palavras, que refletia em economia do bolso. Nos telegramas, a economia impunha a simples exclusão de preposições e conjunções alcançando-se maior objetividade o que, não raro, acabava por sacrificar a clareza. Parece que, apesar do telegrama atualmente ser pouco utilizado, a linguagem telegráfica continua gerando seus frutos, sendo usada nas situações que requerem rapidez e economia, como no caso dos *chats,* exemplo de herança sociolinguística.

Também como nos *chats*, os bilheteiros usam e abusam de reduções como blz, pd, hj, c/, tc, +q, pera aí, c, tavam, td, uso de interrogações quebradas (?¿) etc. Ao ler os bilhetes, parecemos estar diante de uma tela de computador, vendo alternarem-se as falas em uma sala de bate-papo, tais as semelhanças entre a linguagem e conteúdo das conversas no *chat* e nos bilhetes. Em geral, os bilhetes constam de fofocas, paqueras, conselhos, deboches e muita brincadeira.

Assim, cabe notar que a linguagem dos bilhetinhos é muito semelhante à usada nos *chats*. Também semelhante é a condição de produção entre o bilhetinho e o *chat* – os interlocutores se conhecem e são íntimos. O que muda, é o suporte, o que não influencia na linguagem, mas sim na formatação do gênero.

As cartas – o que mostraram?

Física

Ao analisar as cartas escritas pelos alunos, para o professor de Física, avaliando-lhe as aulas, pude notar que nada menos que 93% dos textos seguiam a arquitetura do gênero solicitado, ou seja, apresentaram: local, data, saudação inicial, argumentação e saudação final.

Analisando especificamente a linguagem, observei que os textos primavam pelo uso de uma modalidade mais formal havendo, por parte do emissor, um esforço em parecer analítico e crítico, porém com um certo cuidado. Entre aluno/professor há uma natural hierarquia. Quando o segundo solicita ao primeiro uma crítica, pode-se realmente ser sincero? A linguagem utilizada e a forma de organização do texto mostrou um aluno tentando ser sincero, mas com muito cuidado, o que transparece na escolha vocabular e no arranjo sintático observado nas cartas. Não houve ocorrência da chamada linguagem de *chat*. Observei um aluno bastante formal na linguagem e cuidadoso na escolha lexical.

Educação Física

O resultado da análise das cartas produzidas para os professores de Educação Física[4] não foi diferente dos obtidos na análise das cartas produzidas para o professor de Física. Ambas as produções confirmam o fato de o aluno procurar adequar forma e conteúdo do texto, em função do receptor.

---

[4] Trata-se de dois professores: uma professora para as meninas e um professor para os meninos. Ambos solicitaram a atividade aos alunos.

Fugindo do padrão mais formal da linguagem e aproximando-se das características mais comuns à linguagem do *chat*, encontrei as seguintes ocorrências:

Ocorrência	Quantidade
C/	1
Kole	1
Tipo	1
Tudo beleza?	1
Teve bão	1

Esses dados, apesar de pouco significantes em número absoluto, mostram uma linguagem mais descontraída que não é, necessariamente, típica só dos *chats*. Esse registro pode ocorrer em qualquer texto onde se utilize um padrão mais informal de linguagem. O uso do *c/, p/, q* – apontado por muitos professores como resultado da interação *on-line* –, precede em muito o advento dos *chats*. Bem antes desse gênero existir, muitos de nós já usávamos esses símbolos em nossas notações escolares. Não confirmei, portanto, o uso de características da linguagem dos *chats* em cartas dirigidas ao professor de Educação Física, apesar das condições de produção criadas. A descontração própria à disciplina e o bom relacionamento com o professor, não impediu que os alunos procurassem seguir o gênero proposto e, de certa forma, buscassem uma linguagem um pouco mais formal.

Provas de História

Analisei 29 textos produzidos para uma professora de História. Desses, 20 eram provas e 9 trabalhos feitos em sala, para entregar ao final da aula. Em *nenhum* dos textos observei traços da linguagem dos *chats*. Também não constatei uso de gírias e o padrão de linguagem eleito foi o português escrito culto.

Para fim de convers@

Em minha exposição, pretendi demonstrar que, ao confrontar *textos dialogais* – como bilhetes, cartas e provas – aos *chats*, *os adolescentes* pesquisados souberam, de maneira geral, adequar a linguagem utilizada ao gênero solicitado.

Demonstrei que bilhetes e *chats* apresentam as mesmas características: são descontraídos, lançam mão de desenhos, alternam locutores – através de traços específicos – e a linguagem é informal com registros de oralidade intensos. Constatei que entre bilhetes e *chats* muda-se basicamente o suporte e o meio que, no segundo, é eletrônico.

Tanto as cartas dirigidas ao professor de Física quanto as dirigidas aos professores de Educação Física, procuraram respeitar a arquitetura do gênero carta. Observei, entretanto, algumas diferenças de linguagem entre elas, geradas pelo seguinte fator: quanto maior a intimidade do aluno com o professor, mais descontraída se tornava a linguagem, independente do receptor ser um elemento mais alto na escala hierárquica. Essa descontração foi marcada por expressões carinhosas e algumas gírias esparsas, tendo sido insignificantes as reduções de palavras encontradas.

As diferenças entre a linguagem observada nos *chats* e a linguagem verificada nas provas de História analisadas é total. Não houve sequer um traço de oralidade, ou desvio das normas gramaticais, nas provas. A postura dos produtores foi de perfeita adequação dos textos à norma culta, exigida pelo gênero em produção.

O *chat*, conforme demonstrou minha pesquisa, não influencia negativamente a escrita, mas é inegável que faz parte dela em situações de descontração. Resta saber se se pode falar de uma linguagem de *chat* ou se o que se verifica é a criação de um *meio* no qual se busca levar para a escrita a liberdade da fala.

A norma vai sofrendo alterações na medida do possível. Sem perder de vista os aspectos semânticos, o usuário da língua vai subvertendo a ordem e misturando registros e o *chat* instaura-se como gênero que mescla duas modalidades da língua: escrita e fala. Sem professor para vigiar, sem ninguém para dizer que isso é certo ou errado, sem policiamento das normas – muito pelo contrário: a tônica é quebrá-la, subvertê-la ao máximo – a liberdade de expressão é total e irrestrita, corroborada pelo anonimato, quando assim deseja o locutor. Quem quiser escrever "certinho" que o faça, quem quiser misturar registros esteja também à vontade.

O *chat* autoriza a mistura de registros e absorve traços da oralidade na escrita. Representar a fala em seus aspectos prosódicos é fundamental. São milhares de pessoas Brasil afora que procuram se comunicar desafiando a noção estipulada de "erro", prescrita pelo português padrão, inovando na forma e deixando-se levar pelas tendências vivas da língua falada, caracterizando esse novo gênero por forte oralidade, sinalizada na escrita.

Referências

BAKHTIN, Mikhail. *Marxismo e Filosofia da Linguagem.* São Paulo: Hucitec. 10ª edição, 2002.

BRONCKART, Jean-Paul. *Atividade de linguagem textos e discursos: por um interacionismo sócio-discursivo.* São Paulo: Educ, 1999.

CRYSTAL, David. Language and Internet. Cambridge, Cambridge University Press, 2001.

DIJK, Teun A.Van. *Macrostructures.* Hilsdale: Erlbaum, 1980.

FAVERO, Leonor et al. *Estratégias de Construção do texto falado: a correção.* In: Kato, Mary (org.) *Gramática do Português falado V; convergências.* São Paulo, Campinas: FAPESP & Editora da UNICAMP, 1998.

GUIMARÃES, Eloísa Helena Rodrigues. *O processo de construção da sintaxe frasal em textos escritos por alunos da 5ª à 8ª séries do ensino fundamental.* Belo Horizonte: Programa de Pós-graduação em Lingüística da FALE/MG. (Dissertação de Mestrado. Lingüística), 2001.

JONSSON, Eva. *Eletronic Discourse: on Speech and Writing on the Internet.* In: *http://ludd.luth.se~jonsson/idexeng.html,* 1998.

LUNDSTROM, Phoenix. *Sybchronous Computer-Mediated Communication : will Internet Talkers improve the Competence of ESL/EFL studentes?* Disponível em FTP: ftp.hawaii.edu/outgoing/phxrsng/masters/paper

MARCUSCHI, Luiz Antônio. Fala e Escrita: relações vistas num continuum tipológico com especial atenção para os dêiticos discursivos. Texto apresentado em mesa-redonda. UFPE, 1995.

MARCUSCHI, Luiz Antônio. *Da fala para a escrita: atividades de retextualização.* São Paulo: Cortez, 2001.

MELO, Gladstone Chaves de. *Iniciação à filologia portuguesa.* 2ª edição. Rio de Janeiro: Livraria Acadêmica, 1957.

STEINBERG, M. *Os elementos não verbais da conversação.* São Paulo: Atual editora, 1988.

SOUZA, Ricardo A. *O Chat em língua inglesa: interações nas fronteiras da oralidade e da escrita.* Belo Horizonte: Faculdade de Letras da UFMG, 2000. (Dissertação, Mestrado em Letras: Lingüística Aplicada)

TYLER, Anthea *Modem Time: how eletronic communications are changing our lives.* English Teacher Forum n 4, v.33, Oct 1995

VILLELA, Ana Maria Nápoles. *Pontuação e Interação.* Belo Horizonte: Programa de Pós-graduação em Lingüística da PUC-MG, 1998. (Dissertação de Mestrado)

Capítulo 10

A COERÊNCIA NO HIPERTEXTO

Luiz Antônio Marcuschi

Ponto de partida: o problema

Se, no hipertexto, como diz a *vulgata,* o que se tem é a ausência de um centro controlador a ponto de Johnson-Eilola (1994, p. 212) afirmar que "os hipertextos não precisam distinguir entre margens e centro", põe-se com certo "pavor" a questão da continuidade tópica, da centração temática e da continuidade de sentido, isto é, da própria noção de coerência. Neste caso, indagar-se-ia de onde vem a organicidade necessária ao texto e à sua perspectiva interpretativa. Uma das respostas, talvez a mais radical e esclarecedora, mas também a mais vulnerável, sugere que, no hipertexto, *o centro da coerência passa para o navegador,* pois é com ele que está o *mouse.*

Essa ideia, que parece singular e distintiva, atribuindo aos processos de produção de sentido no hipertexto uma inovação radical em relação aos demais textos impressos (ou orais) na forma tradicional, não parece tão nova. E esta será uma das teses centrais nesta análise. Se tomarmos a coerência, na acepção aqui desenvolvida, como uma perspectiva interpretativa e não como uma propriedade textual, nem algo imanente ao texto, a coerência será *sempre* construída no processo de leitura. Assim, não parece residir neste ponto a particularidade que caracteriza os hipertextos na sua relação com a coerência.

Em relação à noção de coerência adotada, deve ficar claro que não se trata de dar o predomínio ao leitor, nem de dizer que ele é o responsável direto e único pelo sentido, mas que ele *dirige* os movimentos que conduzem à construção do sentido. De modo especial, afirmo que a coerência não é uma propriedade estrutural do texto. É uma operação do indivíduo *sobre* o texto: é uma perspectiva interpretativa situada. Mas dizer isso não é afirmar algo específico do hipertexto e, sim, algo que vale para *todo e qualquer texto*. Também não significa dar ao leitor a primazia da produção de sentido e, sim, afirmar a incompletude sistemática de todos os textos.

Contudo, é possível concordar com Gerd Fritz (1999, p. 221), em seu estudo sobre a coerência no hipertexto, quando esclarece que o hipertexto não parece um bom objeto para se investigar a coerência. Mas ele é um bom momento para discutirmos em que consiste a coerência e o que é que o hipertexto tem a nos ensinar sobre ela. Talvez seja um bom momento para se observar com maior precisão qual a noção de língua que melhor consegue dar conta do fenômeno. Pensar coerência é pensar operações cognitivas com a língua e, não, pensar estruturas textuais.

Para abordar o tema, partimos de alguns aspectos da vida cotidiana e da dispersividade discursiva a que estamos submetidos, bem como a cada vez mais incontornável presença dos *hipertextos eletrônicos* no nosso dia a dia. Este ensaio é uma pequena tentativa de oferecer alguns pontos de apoio para pensar a *coerência no hipertexto* e esclarecer em que condições a questão pode fazer sentido. Além disso, serve também para perceber que o hipertexto não é um fenômeno do meio estritamente eletrônico ou exclusividade do mundo digital. Assim, toda vez que nos referimos a *hipertexto*, entenda-se que, por razões de brevidade, temos em mente *o hipertexto eletrônico*, mas algo mais do que ele está em jogo.

Dispersividade discursiva

Suponha que você, produto típico de classe média urbana, esteja confortavelmente sentada/o no seu sofá, assistindo à tevê a cabo, numa daquelas assinaturas da SKY ou DIRECT-TV com mais de cem canais à disposição de seu *controle remoto.* Ao simples toque nos botões desse *controle,* mudando de canal, você pode assistir a trinta filmes aos pedacinhos e ainda ver um bocado de anúncios publicitários, desenhos animados e alguns videoclipes, degustar um *chef* cozinhando, presenciar animais exóticos copulando, um *Shoptime* vendendo apetrechos eletrônicos, um grupo portenho cantando, além de entrar numa missa ou num culto evengélico, ver um filme pornô e até tentar entender as perguntas da Xuxa, da Adriane Galisteu, Monique Evans e outras divas silicoxigenadas. E se você está com um jornal na mão, ou uma revista ou um livro, ainda vai misturando mais coisas com o amendoim que mastiga aguado com Coca-cola. Pois bem, essa situação não é inusitada, não é incomum nem denota esquizofrenia ou loucura. É o cotidiano de muitas pessoas. É o verdadeiro *mix* discursivo deste início de século.

A pergunta é: como lidam você, suas amigas e seus amigos com tanta informação? Como conseguimos nós construir algum sentido para tudo isso e como concatenamos tantas impressões simultaneamente? Como distinguimos uma coisa da outra? Como separamos os textos e sabemos o que pertence ao quê? Enfim, *como construímos coerência em meio a esta selva de textos em vertiginosa sucessão?*

Não creio que seja necessária uma situação tão complicada (embora comum) como a descrita para se ter uma ideia da dispersividade discursiva a que estamos regularmente submetidos no nosso cotidiano. Basta você estar sentada/o diante de um televisor na hora do telejornal e já será bombardeada/o por um sem-número de pequenos textos sequenciados – notícias, reportagens, entrevistas, anúncios publicitários – que se sucedem sem relação imediata entre si quanto aos temas. Tudo é recebido em leituras nervosas de telejornalistas com olhares petrificados mirando *teleprompters*. Não obstante isso, você sabe quando uma coisa começa e termina, sabe do que estão falando, o que estão querendo dizer, o que estão querendo vender e até consegue imaginar o grau de plausibilidade. Distingue o que é notícia ou comentário do que é propaganda comercial ou política. Consegue entender o que se passa. Fica com a confortável sensação de que aquilo faz sentido. A ordem em que as coisas aparecem não é muito importante. Na realidade, isso é assim porque você é *membro* desse universo sociodiscursivo. Mas não se iluda, pois *você* foi treinado/a para isso e grande parte das pessoas não entende tão bem isso tudo.

Continuando com a mesma ideia de observar nossas atividades no dia a dia, imaginemos uma caminhada a pé pelo centro de uma cidade como o Recife. Andando por ela, podemos ir lendo, ouvindo e observando tudo o que nos vem pela frente a ponto de, em breve, não sabermos mais se estamos diante de muitos textos ou se tudo aquilo forma um grande hipertexto multimidiático concretamente disposto ao longo de praças, alamedas, avenidas, ruas, ruelas, muros, postes e becos.

Se você entra na rua das Calçadas, uma rua bem popular no centro do Recife, o que vê nessa caminhada é mais ou menos o seguinte, em meio a uma multidão se acotovelando na rua estreita: de início, um *outdoor* com enormes fotos e uma logomarca; mais adiante, muitos anúncios com algumas frases; ao longo da rua, um aparelho de som depois do outro, todos ligados promovendo os produtos da loja ou tocando músicas de letras ininteligíveis; mais em cima, um placar com anúncio publicitário eletrônico na forma de vídeo; adiante, uma banca cheia de jornais, revistas e panfletos colados nas paredes externas. Na esquina, uma placa com dois nomes e alguns números (ruas e casas); ao longo das outras ruas, muitas placas, de todos os tamanhos e cores, com nomes de lojas; pessoas indo e vindo, vendedores ambulantes com as mais diversas bugigangas, enfim, um bombardeio real de inúmeros textos ou talvez de uma *paisagem textual*, desterritorializada, tentacular, labiríntica e, ainda assim, concatenada. Uma selva textual. Os mais afoitos diriam que se trata de "poluição visual e sonora". Assim são as ruas do comércio popular, mas muito pior é a balbúrdia sofisticada de nossos tão aclimatizados shoppings.

A questão é: forma isso tudo um hipertexto na vida diária ou são muitos e pequenos textos sempre somados e lidos individualmente? Quem monta as fronteiras entre eles? Há aí margens, há aí centros? Na verdade, você não precisa entrar na Internet para defrontar com um hipertexto. O hipertexto já se encontra no seu caminho diário de casa para o trabalho, a escola, a igreja, o dentista e o mercado, desde há muito tempo.

Tudo isso serve, pelo menos, para suscitar uma dúvida com respeito à ideia de que o texto é exemplarmente o que se encontra na página impressa. Se fôssemos ver o quê, no dia a dia, chega às pessoas como escrita, teríamos, hoje, maior volume de escrita fora das páginas impressas do que em outros suportes e ambientes.

Veja-se o que o cidadão tem como escrita desde que acorda até deitar: tudo o que usamos está mais ou menos nomeado por escrito e, sem querer, vemos ali, todos os dias, nomes de sabonetes, escovas dentais, pães, leites, frutas, ruas, ônibus, bancos, lojas, anúncios diversos, legendas nos filmes de tevê, muros com escrita, portas de banheiro com mensagens, quadro-negro na escola, marcas do mais diversos tipos nos mais diversos objetos e artefatos, moedas, paredes cheias de cartazes de todos os formatos e com todo tipo de aviso e informação. Nada disso está na folha de papel impressa e algumas dessas coisas não estarão mais lá numa segunda passagem, tendo em vista a sua fugacidade, como as legendas do filme que vi agora à tarde ou a escrita do muro que foi repintado. Claro que ainda haveria o jornal, o livro, a revista e assim por diante, mas esses não são os mais manuseados pelos seis bilhões de seres humanos que povoam o planeta Terra.

A questão, formulada de maneira um tanto intuitiva, seria: Como é que as pessoas produzem sentido e coerência ao se defrontarem com esse labirinto textual? Entrando no nosso tema: *como se dá a coerência no hipertexto, sendo ele essencialmente não linear?*

Premissas equivocadas

Há algumas premissas bastante aceitas, mas que podem ser questionadas, já que não dão conta das situações descritas nem de todos os textos impressos e muito menos da questão hipertextual. Basicamente, porque seguem uma visão formal e estrutural da língua, sem sensibilidade para o uso em contextos sociocognitivos relevantes.

Nessas perspectivas, ainda hoje é comum definir-se o *texto* como uma sequência coesa e coerente de enunciados. Supõe-se, neste caso, um autor que organiza os enunciados, seleciona um tópico, distribui esse tópico discursivamente e assim vai construindo seu texto. Central para uma tal visão de texto é a noção de *estrutura* e organização centrada. Ao leitor cabe seguir essa estrutura e entender o que o autor disse.

Para essas teorias, a coerência é uma propriedade textual que se dá numa particular forma de sequenciar os componentes, organizar a informação e propiciar o acesso ao sentido imanentemente sugerido. Busca-se um máximo de explicitude, investindo extensivamente em padrões tanto gramaticais quanto estilísticos. A língua é vista como uma espécie de instrumento de condução das ideias e o texto é tido como um receptáculo de informações objetivamente sedimentadas e passíveis de serem capturadas com precisão.

Embora essa seja uma visão tradicional e admitida largamente pelos livros didáticos e postulada por todos os que defendem a noção de autoria como intangível, os linguistas de texto não mais contemplam essa visão. Para a Linguística de texto, o texto é multinível, multilinear e não contém toda proposta de sentido por insuficiência de explicitude. A visão dada pelas teorias da linearização direta seria, neste caso, uma espécie de ilusionismo semântico e cognitivo, já que o texto não é um artefato cognitivo autônomo.

Para a visão tradicional, o hipertexto seria uma espécie de "ameaça" à ideia de estrutura textual estável. Isso porque ele não tem uma realidade física palpável e só se mostra virtualmente ou num formato de programa "invisível" no seu conjunto. Ele seria tão volátil quanto o som. Esse aspecto é importante porque nos põe diante de uma situação muito complexa para a análise da realidade hipertextual. Mas o problema maior não estaria na volatilidade nem na virtualidade e, sim, na não linearidade, não continuidade, não centralidade e, de modo especial, na possibilidade de interferência do leitor-navegador. Contudo, isso é comum também na escrita impressa, como, por exemplo, nas enciclopédias, nas obras de consulta e nos dicionários, para ficar apenas em alguns textos. O hipertexto tem como diferencial o fato de tender a uma densidade maior nesse aspecto.

De acordo com Johnson-Eilola (1994, p. 207), a mencionada ameaça oferecida pelo hipertexto se daria em vários graus. Por exemplo, no caso dos hipertextos "exploratórios" (como definidos por M. Joyce, 1995), o leitor preservaria o conteúdo proposto pelo autor e apenas selecionaria trilhas, roteiros ou opções de leitura previstas imanentemente pelo autor do hipertexto. Já no caso de hipertextos "construtivos" (como definidos por M. Joyce), a ameaça seria muito maior e a noção de autoria começaria a se evaporar. Não só haveria escolhas de caminhos pelos leitores-navegadores, mas também complementações e adendos de novos conteúdos.

Também é comum ver-se defensores da escrita, tais como Walter Ong (1982), Jack Goody (1977), Erik Havelock (1982) e outros, afirmando a *estabilidade textual*, ou seja, para esses autores, *o que está escrito no papel tem realidade, durabilidade e fixidez*. Isso em contraposição ao que se observa no caso da oralidade, cujos textos seriam fugazes, instáveis e fluidos. O texto escrito, impresso no papel e transmitido pelos livros, seria uma versão autorizada e autoritativa do seu autor. Ao leitor não caberiam interferências na produção daquele texto. Até mesmo quanto à ordem da leitura tudo estaria ali, posto pelo autor. Não vamos contradizer frontalmente esses autores no que podem ter de preconceituoso ou falacioso em suas posições, mas digamos apenas que isso não é mais válido se consideramos tudo o que vem ocorrendo na área da escrita e, em particular, se consideramos o que vem ocorrendo na relação da fala com a escrita nos estudos mais recentes sobre o tema.

Considerando, portanto, que o hipertexto se desenvolve no plano da não linearidade e da relação não imediata nem da relevância temática direta, mas por interconectores (*links*) cuja organização tem uma estrutura retórica imanente, como mostrou Burbules (1998), e tendo em vista que a coerência se dá como uma relação de relevância, seja global ou local, parece bastante improvável coadunar as noções de *hipertexto* e *coerência* num mesmo nível de observação. É justamente a esse aspecto um tanto paradoxal que nos dedicaremos agora.

Em que o hipertexto difere do texto impresso?

Uma observação óbvia é a de que tanto os hipertextos quanto os textos impressos são *textos*. Isso impede que se faça uma distinção nítida e definida entre textos e hipertextos em geral. É também possível afirmar que certos textos impressos são muitas vezes não lineares, assim como muitos hipertextos são absolutamente lineares. Não é esse, pois, o caminho a seguir.

Por outro lado, convém deixar de lado também as diferenças óbvias entre o hipertexto e o texto impresso, tais como o fato de aquele ocupar o espaço do vídeo e este se dar na folha de papel; o fato de um ser virtual e o outro, concreto; um poder ser acessado em tempo real, por uma multidão de indivíduos, simultaneamente, e o outro ser de acesso limitado; um poder relacionar e interconectar uma pluralidade quase ilimitada de textos e o outro sofrer de limitações físicas. Deixando de lado esses aspectos, vejamos algumas diferenças importantes.

Para esta análise e todas as que tentam confrontar texto impresso e hipertexto, seria bom ter presente que não se deve colocar a questão numa visão dicotômica. Pois, como já frisado, estamos diante de *textos* e para que se possa falar de *textos*, algumas condições devem ocorrer, embora não saibamos ao certo quais sejam elas, efetivamente, em termos de obrigatoriedade, já que o texto, como se verá, é um evento comunicativo. Hoje temos, ao lado das edições de jornais e revistas em papel impresso, edições de jornais e revistas eletrônicos no formato hipertextual. Seria interessante observar quais são as diferenças entre ambos os formatos do mesmo jornal ou mesma revista. Mas certamente não vamos ter uma oposição dicotômica no que toca ao problema da textualidade como tal. Por isso, não se deve confundir o aspecto operacional do manuseio com o aspecto epistemológico e constitutivo do texto.

Quanto à sua organização, o hipertexto não tem um centro, ou seja, não tem um vetor que o determine. Ele não é uma unidade com contornos nítidos, como já dissemos. Ele é um *feixe* de possibilidades, uma espécie de leque de ligações possíveis, mas não aleatórias. Serve-lhe de metáfora a noção de *estrela*, que não forma um centro, mas vários vértices que se ligam a outros vértices. A ausência de centro tira a possibilidade de limites e contornos definidos. Aquilo que num texto impresso pode ser tido como *digressão* torna-se o *modus faciendi* e o *modus legendi* do hipertexto.

Metáforas comuns para designar essa falta de centro do hipertexto são as noções de *labirinto, rede, tentáculo, paisagem, tecido* e outras nessa mesma linha. Paralelamente a isso, a leitura é denominada por metáforas do tipo *navegação, nomadismo, caminhada, flanerie* e até *voyeurismo*. Essas expressões sugerem sempre um aspecto saliente, ou seja, a falta da ordenação tradicional.

Mas serão essas metáforas consistentes? Serão os caminhos hipertextuais tão diversos a cada vez? Suponhamos que alguém entre no *site* do CNPq em busca de uma informação, por exemplo, o currículo Lattes de um amigo. Sabe-se que o formulário hipertextual oferece uma série de trajetos a serem percorridos até a informação. Pode-se apenas clicar num *link* ou então digitar um nome em local apropriado ou identificar algum descritor ou filtro e assim por diante. Mas, como em todos os casos desse tipo, não há liberdade de seguir caminhos para chegar a alguma informação. Se você busca o currículo Lattes de um colega, seu caminho é o mesmo sempre e para todos. Se você quer saber onde, num livro impresso, está um dado conceito, pode ir ao índice remissivo e procurar a(s) página(s) indicada(s) para a palavra. Você pode ler um livro começando pela conclusão ou pelo capítulo 5. Do capítulo 1, pode ir ao capítulo 4, o que não significa que você está perdido. A coerência é um estado criativo que não aumenta nem diminui se você lê da página 1 até a 225 ou pula capítulos seguindo outra ordem.

Do ponto de vista da autoria, sempre se diz que o texto impresso tem um autor determinado e distinto do leitor quanto à produção física do texto, o que, no caso do hipertexto, poderia ser parcialmente esfumaçado, já que numa das possibilidades tecnológicas de construção de hipertextos haveria condições de interferência física na composição do texto. A coautoria é, de fato, física. Como diz Snyder (1998, p. 127), "o hipertexto esfumaça as fronteiras entre escritores e leitores". Mas isso é em função de um dado modo de programação. E ainda continuam nítidas as fronteiras entre aquele que lê e aquele que escreve ou, em dados momentos, eles podem ser mesclados.

Quanto a isso, ao analisar a "pragmática da leitura", Burbules (1998, p. 103) indaga o que é de fato diferente numa leitura da página impressa em relação a uma leitura hipertextual. Em primeiro lugar, nota o autor, a página impressa é altamente seletiva (essa seletividade, no entanto, já vem predeterminada) na forma de leitura de notas, consulta a outros livros remetidos pela página, a identificação de fontes e assim por diante. Muitas dessas coisas só podem ser feitas saindo do livro. Às vezes isso me obriga até a sair de casa e buscar um livro na biblioteca, comprá-lo na livraria, etc. Já o computador permite que eu entre na Web, visite as bibliotecas virtuais e sobreponha à página em leitura uma obra qualquer e até mesmo uma biblioteca inteira. São outras formas de caminhar, mas sempre se caminha trilhas em que o papel do leitor é similar.

Em segundo lugar, pensa-se que a página impressa é exclusiva mandando ler "este ou este ou este..." texto e não permitindo somá-los; já o hipertexto seria mais inclusivo no sistema "e..e..e..e..e" (v. BURBULES, p. 103), tendo em vista uma navegação mais ampla e descentralizada. O fato de ser um texto inclusivo daria ao hipertexto seu caráter mais saliente de dispersão radial, podendo criar uma ilusão centrífuga e desviar com facilidade para muitos caminhos. Mas a própria noção de "desvio de caminho" não é muito significativa num caso desses. Pois resta saber se havia um caminho previamente traçado a ser percorrido. Pessoalmente, julgo que tanto um quanto outro formato textual oferecem possibilidades inclusivas e exclusivas que dependem da estratégia do leitor, e não da natureza do texto em si mesmo.

Prosseguindo nessa análise e retornando ao que observou Burbules (1998, p. 106-109), pode-se dizer que:

a) a forma de organização do hipertexto não é hierárquica e linear, no sentido em que a organização do texto impresso o é. Para Burbules, o protótipo da escrita impressa seria a noção de *silogismo,* ao passo que, para a construção hipertextual, seria o *rizoma,* isto é, um crescimento pelo enraizamento e pelas bifurcações;

b) a maneira de o hipertexto organizar a informação é o *bricolage* e a *justaposição* numa perspectiva flexível, ou seja, sem uma relação de natureza lógica ou outra que lhe pareça evidente ou imediata. Em consequência, pode-se esperar também uma "fragmentação do conteúdo".

Por fim, os *links*, que sempre são tidos como interconectores que guiam de forma objetiva e direta a textos ou blocos informacionais novos, estão submetidos a uma complexa retórica (v. Burbules 1998) de ação a ponto de não ser possível sequer controlá-los. Não são propriamente os *links* enquanto itens lexicais ou expressões linguísticas que fazem o trabalho de conexão, mas o propósito da busca ou da construção do *link*. E este é também, de uma maneira geral, o nosso modo de ler textos, já que não somos lineares e, por vezes, dado conceito ou certa expressão nos leva ao dicionário ou à consulta de um livro. Num livro impresso, muitos termos são *links* potenciais, isto é, desencadeadores de associações, leituras paralelas e assim por diante.

Veja-se que dado elemento num hipertexto pode funcionar de vários modos enquanto orientação conectiva. Os *links* geram expectativas diversas a depender de onde se situam. Eles são instrumentos interpretativos, e não simples instrumentos neutros e ingênuos de relações constantes e estáticas. Isso vai exigir uma discussão mais detida de alguns conceitos, tais como as noções de *língua*, *texto* e *coerência*, implicadas na teoria que se constrói.

Noção de língua e coerência

Para um tratamento da produção textual, seja ela hipertextual ou não, é importante ter uma noção de língua adequada, já que é o meio pelo qual e com o qual construímos o texto. Nesse caso, a língua não pode ser vista como simples instrumento nem como simples meio de representação das ideias ou dos fatos. A língua não é um espelho ou representação da realidade e muito menos um simples sistema de regras, tal como postulado na maioria das teorias formais.

Uma noção de língua que possa dar conta dos processos de formulação textual na perspectiva textual-discursiva deve prever que a língua, mais do que representar e transmitir conhecimentos e ideias, deve possibilitar a constituição do pensamento para ser intersubjetivamente compreensível. Assim, uma das características básicas da língua deverá ser a *interatividade*, que Bakhtin e outros traduzem no termo *dialogicidade*, pois a língua só existe numa relação com o outro, como bem notou também Wittgenstein. A língua deve ser sociohistoricamente constituída, ou seja, em contextos culturais, históricos e cognitivos relevantes para o entendimento. Com isso, ela passa a ser uma forma de ação (uma "forma de vida" coletiva) ou um conjunto de práticas sociointerativas e cognitivas, sempre situadas. Em suma: língua é uma *atividade interativa e trabalho sistemático*. Não se nega a presença do sistema, mas não se toma o sistema como ponto de partida e chegada.

Com base nessas propriedades, é possível fazer frente às características tanto do texto impresso quanto do hipertexto eletrônico, já que ambos podem ser tidos como: emergentes; incompletos; maleáveis; não determinísticos; multidimensionais; plurilineares; multifocais; interativos.

Para o hipertexto não autocontido, temos um problema adicional, já que a coesividade de longo alcance e certos aspectos envolvidos nas relações anafóricas ou projeções dêiticas não podem ser tratados do mesmo modo que em textos impressos no formato de um livro ou de um artigo com várias páginas. Isso diz respeito, em especial, a decisões que envolvem fatos de natureza estritamente morfossintática e decisões de ordem pragmática, semântica ou cognitiva que não têm o mesmo formato de realização dos textos comuns. Contudo, não se pode deixar de admitir que um hipertexto não autocontido, na medida em que é uma possível composição de vários textos (cada qual, por sua vez, completo) é algo que não oferece dificuldade, desde que o leitor saiba construir relações de sentido apropriadas. Veja-se a leitura de um jornal diário. Ele se parece com um hipertexto. É uma oferta de leituras sem ordem prévia. O jornal não é um texto contínuo. Posso ler as sequências em qualquer ordem e pular partes ou páginas e, ainda assim, saberei onde me encontro e consigo distinguir as notícias ou as reportagens, anúncios publicitários e assim por diante.

Noção de texto para o hipertexto

Retrospectivamente, com Beaugrande (1997, p. 60), pode-se dizer que as gramáticas de texto dos anos 1970 representaram um projeto de reconstrução do texto como um "sistema uniforme, estável e abstrato", na perspectiva da linguística oficial vigente. Tratava-se de uma tentativa de descortinar o sistema subjacente e gerador do texto como unidade autocontida, cuja novidade essencial era a explicitação dos princípios da morfologia, da sintaxe e de uma semântica formal que explicavam a conexão na ultrapassagem do nível da frase. Buscava-se a legitimação de um objeto específico para a Linguística de texto (LT), ou seja, era a identificação do *texto como objeto da linguística*. E ele se tornava uma espécie de *unidade linguística,* o que não parece muito adequado, segundo críticas de Reboul & Moeschler (1998, p. 21-28). O texto não é uma *unidade indivisível* como o fonema, nem uma *unidade emergente* como o morfema, nem uma *unidade formal* como a frase. No máximo, o texto é uma *unidade de ação* ou uma *unidade de sentido.* Por isso mesmo, o texto, quando tomado como *unidade*, deve ser visto e analisado com categorias que vão além da forma, mas sem desprezar a forma, já que o texto não deixa de ser estruturado e realizado numa e com uma língua.

Três décadas depois das *gramáticas de texto iniciais*, as motivações da LT não se acham mais na necessidade de uma *Gramática Transfrástica*, mas, sim, numa nova visão do funcionamento da língua e seu relacionamento com as práticas sociais. Baseados nisso, podemos chegar a uma nova definição de texto. Para isso, sigo Beaugrande (1997, p. 10) que assim se expressa: "É essencial tomar o texto como um evento comunicativo no qual convergem ações linguísticas, cognitivas e sociais". Essa posição exige uma explicação a respeito da noção de "evento", a fim de não se confundir produto e processo. Na realidade, o evento designa, em primeiro lugar, dois processos interligados: *produção* e *compreensão*. Mas esses processos se *manifestam* em um artefato chamado *texto* que não é apenas um construto empírico e, sim, um *evento* cultural, social, cognitivo *e linguístico*. Portanto, a expressão *evento* tem aqui o objetivo de designar o aspecto tipicamente dinâmico do fenômeno texto e sua forma de atuação.

A definição dada por Beaugrande sugere que o texto não é uma simples sequência de palavras escritas ou faladas, mas um *evento*, na perspectiva em que acabamos de definir. Uma tal definição envolve enorme riqueza de aspectos, podendo-se frisar as seguintes implicações diretas:

1. o texto é visto como um *sistema de conexões entre vários elementos*, tais como: sons, palavras, enunciados, significações, participantes, contextos, discursos, ações, etc.

2. o texto é construído numa *orientação de multissistemas*, ou seja, envolve tanto aspectos linguísticos quanto não linguísticos no seu processamento (no hipertexto isso é ainda mais acentuado);

3. o texto é um *evento interativo* e vai além de um simples artefato, sendo também um processo numa coprodução (do ponto de vista do sentido na leitura, que, por vezes, leva a estruturas diversas);

4. o texto compõe-se de *elementos que são multifuncionais*: um som pode ser um fonema, mas, também, uma entoação; uma palavra pode ser um item lexical, mas um ato de fala.

Em nossas ações com a língua, lidamos mais do que com um conjunto de regras, sejam elas de sequenciação ou outras quaisquer. Lidamos com um conjunto de sistemas ou subsistemas que permitem às pessoas interagir por escrito ou oralmente, escolhendo e especificando sentidos mediante ações com escolhas linguísticas. Baseados nessa breve explanação e noção de texto, podemos ver que o hipertexto não traz grandes novidades nem dificuldades, pois está perfeitamente enquadrado nessa perspectiva.

Noção de coerência

Até hoje, a noção de coerência passou por três fases. A primeira delas não distinguia entre coesão e coerência e pode ser muito bem representada pela obra de Halliday & Hasan (1976), que tratam a coesão como fator de coerência e tomam o texto como unidade semântica. Aqui, a coerência é vista como propriedade textual e tem marcas na superfície.

A segunda fase já distingue entre coesão e coerência de modo bastante claro, estabelecendo uma divisão de tarefas desses dois aspectos, cabendo à coesão a ordenação sintática e à coerência, os aspectos semânticos e pragmáticos. Representante típico dessa fase é a obra de Beaugrande & Dressler (1981). Nessa segunda fase, já se percebe que a coerência é algo mais complexo do que um conjunto de marcas e não se define pela simples boa formação textual, pois a teoria do texto não é mais uma gramática do texto, tal como a via Van Dijk (1972), situado na primeira fase. Hoje, Van Dijk postula uma visão muito diversa daquela e encontra-se na terceira fase.

A terceira fase volta a não distinguir, de modo rígido, coesão e coerência, mas não pelas mesmas razões que na primeira fase. Agora, endossa-se a posição, já admitida na segunda fase, de que a coerência não é uma propriedade textual imanente, mas se dá mais ênfase ao *ponto de vista* e à ordenação cognitiva do texto. Tem-se uma visão mais integrativa e holística e menos fundada em unidades concatenadas como tal. A coerência é muito mais um ponto de vista e uma operação sobre o texto. Algo assim como uma operação interpretativa, como lembrou Koch (1989) e, mais particularmente, em Koch (2002). Tem-se aqui uma guinada que pende, em boa medida, para posturas sociointerativas e com respaldo no cognitivismo de natureza construtivista.

Na primeira fase, havia uma noção de língua centrada no código e predomínio da função informacional da língua.

Tinha-se uma noção mais estrita e talvez influenciada pelo gerativismo (v. VAN DIJK, 1972), postulando-se a ideia de boa formação textual e buscando-se regras gerais para essa postulação. Hoje, já não se fala mais em *gramática de texto*, pois o texto é uma entidade linguística de natureza diferente da frase. O texto é visto como um *processo-produto*, e não uma unidade linguística apenas. Assim, há mais do que os elementos constitutivos internos a serem observados. É importante ter claro que a noção de *evento*, tal como postulada por Beaugrande (1997), tem mais a ver com algo dinâmico do que com um produto com certo formato rigoroso e de caráter empírico.

A fase atual leva em conta uma nova noção de língua e não se centra na noção de unidade, mas nas ações. Pelo menos não possui uma unidade específica da qual parte. Surgem reflexões mais insistentes sobre a multilinearidade e o aspecto cognitivo. Processos inferenciais e referenciais na progressão tópica são mais insistentemente tratados. Não se dá uma análise notadamente logocêntrica, admite-se, na construção do texto, um processo de multissemiose.

A noção de relevância, por exemplo, é muito mais vista como construída por múltiplas relações do que dada na imediatez, tal como sugere uma pragmática estrita do tipo desenvolvido por Grice (1975). Em síntese, não se pode confundir coerência com relações de relevância imediata. Com base nisso, pode-se defender que a noção de coerência não implica, necessariamente, a noção de linearidade, pois todo texto obedece a uma construção multilinear, como observa Beaugrande (1997). E, nesse caso, a hipertextualidade não traz problemas para o tratamento da coerência.

Embora não pareça uma relação problemática, convém frisar da maneira mais explícita possível que *coerência não se confunde com compreensão*. Há um limite entre ambas e esse limite tem fronteiras complexas, não podendo ser determinado de maneira estanque. O fato de um texto ser compreensível pode ser tido como um indício de que também seja coerente, mas isso (a coerência) não é uma decorrência e, sim, uma condição. É por isso que não se pode igualar a noção de compreensão com a noção de coerência, pois a coerência é uma condição para que se possa chegar à compreensão. Ambas estão imbricadas em muitos níveis, mas não em todos. Um texto coerente é aquele que dá acesso e permite a produção de sentidos, mas não um sentido determinado e único. O sentido a que eu chego é efetivado pela forma particular de meu acesso a ele (pistas eu considerei no texto). Assim, pode haver várias compreensões de um texto, mas não várias coerências. Dizer que um texto *é coerente* e que *permite várias compreensões* é dizer duas coisas a respeito do funcionamento dos textos. Admito que essa posição ainda não é clara e pode ser motivo de debate, mas o certo é que a coerência não é uma propriedade do texto e, sim, um modo de funcionamento dele com base em operações mentais. Também não é uma liberdade completa concedida ao leitor, mas segue pistas bem-definidas, já que a coerência não é um vale-tudo. Coerência é uma construção cognitiva permitida pelo texto, mas não está no texto, assim como os fenômenos morfológicos, fonológicos, lexicais, etc; é um *modo de acesso*, e não uma propriedade formal.

A coerência no hipertexto

Já foi observado que o hipertexto não foi concebido para uma recepção completa, o que não exige uma relação completa prévia e prevista entre todos os elementos ou nós informacionais que podem ser interconectados. De igual modo, não é importante para a concepção de hipertexto que todos os seus usuários sigam a mesma rota ou façam o mesmo caminho para que tenham rendimento cognitivo satisfatório. Mas isso ocorre também com qualquer texto impresso. É comum, por exemplo, que leiamos um capítulo de um livro e nada mais.

Muitas são as imagens cunhadas para descrever metaforicamente os processos de organização do hipertexto como não centrado, isto é, *centrífugo*, em vez de centrípeto; *multimodal* em vez de logocêntrico; *descontínuo* em vez de linear; *aberto* em vez de nucleado e ordenado com margens enquadradas; e *intertextual* de um modo mais radical do que os demais textos.

Isso faz, segundo Bolter (1991) (*apud* JOHNSON-EILOLA, 1994, p. 212), com que se possa ver as margens do hipertexto como sua "válvula de segurança" "para prevenir o texto da desintegração sob a força de uma leitura desconstrutiva". Não se pode, no entanto, postular que o hipertexto seja constitutivamente ordenado por desvios e digressões só porque lhe faltam um centro e uma ordenação formalmente acabada. Mas existem artifícios formais nos hipertextos que operam como indicadores dessa ordenação centrípeta, tais como os *menus* de orientação (itens, temas, produtos, categorias), por exemplo, num *shopping virtual* que orienta o *comprador virtual* a fim de que não se perca e não perca seu tempo e sua paciência. A única coisa que se pode dizer é que os "arranjos de poder tradicionais e hierárquicos" modificam-se na relação escritor/leitor, no caso do hipertexto, a ponto de desaparecer a "identidade autoral intocável", surgindo os movimentos de negociação e redistribuição desse poder (v. JOHNSON-EILOLA, 1994, p. 213). O hipertexto oferece mais imprevisibilidades, como, por exemplo, quando, ao *clicar* um nome, entra-se não numa esperada nota biográfica do autor e, sim, na *livraria virtual Amazon.com*, em que está o livro à venda. Mas esse é um problema de expectativas não cumpridas, e não de incoerência. Retornar ao texto é o remédio.

Cabe-nos providenciar novas noções para coesão e coerência a fim de abrigar também a produção hipertextual com suas indeterminações frente a expectativas. Contudo, pode-se indagar: *Em que é mesmo que divergem o texto impresso e o hipertexto no que respeita à coerência?* O que se pode dizer de um que não vale, em absoluto, para o outro?

Posta desse modo, a questão é opressiva e não conduz a grande coisa, mas é instigante. Permite procurar ou correr atrás de divisões que talvez se mostrem muito mais como gradações do que dicotomias. Certamente, a sensação da fragmentariedade e da não continuidade imediata é um dos aspectos mais salientes dessa diferença. Mas isso se deve à natureza do instrumento utilizado, e não à natureza do texto em si. Pois há vários formatos de hipertexto, sendo que alguns deles em nada diferem dos textos impressos, já que estão autocontidos e progridem exatamente como todos os demais. A questão da leitura descontinuada ou do 'fatiamento' no vídeo é um problema de estética eletrônica, e não um fenômeno epistemológico distintivo.

Também vamos ver que certos aspectos estruturais no hipertexto têm uma centralidade muito maior do que no texto impresso. Por exemplo, os sumários e os índices, no hipertexto, são fundamentais e estruturadores porque podem conduzir, automaticamente, a porções textuais. A questão interessante, neste caso, é que estamos diante de uma *realidade virtual*, ou seja, algo que, de fato, existe, mas seu modo de existência não é concreto, e sim virtual. A existência virtual é tida aqui como um tipo de existência real, mas não palpável, como o texto impresso. Quando se fala em *virtual* neste contexto não se trata daquele virtual (possível, potencial) com o qual os filósofos tanto se debateram. O virtual aristotélico nada tem a ver com o virtual eletrônico. Podemos falar em *i-texto (texto impresso)* e em *e-texto (texto eletrônico)*. A virtualidade é um detalhe sem relevância para a coerência. Para o caso da virtualidade, a noção de unidade não é tão relevante quanto no caso do texto impresso e parece que adquire outra característica fenomenológica, devendo ser descrita com outros conceitos.[1]

---

[1] Pode até não ser muito correto, mas a impressão que tenho, muitas vezes, é que o que se vê na página da Internet não é o que é (a realidade), mas o que aparece. O que é está submerso e não se interliga. A interligação é tarefa minha. Quando vejo um conjunto de "*links* interessantes" diante de mim numa *homepage*, sei que ali está uma cadeia de possibilidades interligadas, mas não efetivamente ligadas. Sou eu que farei essas ligações. Elas sequer foram previstas por alguém. Às vezes somente eu vou percorrer aquele caminho e navegar por aquela trilha.

Algumas observações finais

Depois de tudo o que foi dito aqui, o que resta de específico para a coerência no hipertexto? Muito pouco, se, com isso, se procura algo de totalmente novo. Creio que, nas primeiras reflexões sobre o hipertexto, deu-se demasiada importância a certas estratégias que se deviam muito mais à natureza dos *softwares* e suas perplexidades que ao processo de construção textual. Hoje se sabe algo bastante óbvio, isto é, que lidar com hipertextos é lidar com textos. Continuam ativos e com papéis bastante claros o autor e o leitor. Os hipertextos não são infinitos, a não ser potencialmente, mas de maneira concreta eles sempre terminam. Em muitos casos, o leitor pode interferir de maneira mais decisiva na ordenação de sequências que no texto impresso.

Do ponto de vista da coerência, o hipertexto oferece um desafio ao leitor, que deve fazer escolhas pertinentes para uma continuidade proveitosa e segura. E essas escolhas vão gerar caminhos diversos para cada leitor, de modo que as leituras, no caso do hipertexto, estão sujeitas a uma variabilidade muito maior do que no caso dos textos impressos. Isso porque o risco da dispersão e do resvalamento para margens pouco produtivas é maior do que na leitura do texto impresso. Assim, o grande problema da coerência, no caso do hipertexto, é o da construção de um ponto de vista interpretativo menos evidente e com menor possibilidade de organização holística. Trata-se de algo mais trabalhoso e com maior chance de ter que ser refeito. Isso não é pouco, mas não chega a ameaçar a noção de coerência nem a exigir outra noção.

É provável que muitos de nossos problemas na leitura dos hipertextos devam-se não a alguma propriedade específica dos hipertextos e, sim, ao nosso tipo de relação com os textos de modo geral. Pessoas sem o costume da leitura perdem-se com facilidade lendo um jornal e, mais ainda, ao se defrontarem com o hipertexto que não progride com uma visão imediata do percurso. Trata-se de uma navegação com pouco conhecimento distribuído à mão e exigindo muito de meu conhecimento pessoal. O esforço cognitivo no trato do hipertexto é maior e, como a coerência reside neste aspecto, trata-se de uma diferença significativa.

Em suma, as novidades do hipertexto em relação à coerência não são tão fundamentais a ponto de exigirem um novo conceito de texto ou de coerência. Tudo dependerá de nossa maior ou menor familiaridade com textos. O *mouse* na mão do leitor-navegador não traz novidades tão prodigiosas como os arautos de primeira hora imaginaram. Todos podem ficar tranquilos quanto a isso e ninguém deve perder seu sono por causa de alguma arapuca hipertextual na esquina do primeiro *link*.

REFERÊNCIAS

AUSTIN, John Langshaw. *How to Do Things with Words*. Oxford: Oxford University Press, 1962. (Há uma versão brasileira: *Quando Dizer é Fazer: Palavras e Ação*. Trad. de D. Marcondes de Souza Filho. Porto Alegre: Artes Médicas, 1990.)

BEAUGRANDE, Robert de. *New Foundations for a Science of Text and discourse: Cognition, Communication, and the Freedom of Access to knowledge and Society*. Norwood: Ablex, 1997.

BEAUGRANDE, Robert de; DRESSLER, Wolfgang. *Introduction to Text Linguistics.* London: Longman, 1981.

BOLTER, Jay David. *Writing Space. The Computer, Hypertext, and the Hystory of Writing*. Hillsdale, N.J.: Lawrence Erlbaum Associates, 1991.

BURBULES. Nicholas C. Rhetorics of the Web: hyperreading and critical literacy. In I. SNYDER (Ed.). 1998, p. 102-122.

CLARK, Herbert H. *Using Language*. Cambridge: Cambridge University Press, 1996.

FAUCONNIER, Gilles. *Mental Spaces: Aspects of Meaning Construction in Natural Language*. Cambridge: Cambridge University Press, 1994. [A 1ª ed. é de 1985, pela MIT Press, Cambridge]

FAUCONNIER, Gilles. *Mappings in Thought and Language*. Cambridge: Cambridge University Press, 1997.

FRITZ, Gerd. Coherence in Hypertext. In: W. BUBLITZ, LENK, U.; VENTOLA; E. (Eds.). *Coherence in Sponken and Written Discourse*. Amsterdam: Johnnn Benjamins, 1999. p. 221-232.

GOODY, Jack. *Domesticação do pensamento selvagem*. Lisboa: Editorial Presença, [1977]. 1988.

HAVELOCK, Eric. *A Revolução da Escrita na Grécia e suas Conseqüências Culturais*. São Paulo: UNESP/Paz e Terra, [1982]. 1994.

JOHNSON-EILOLA, Johndan. Reading and Writing in Hypertext: Vertigo and Euphoria. In: C. L. SELFE; HILLIGOSS, S. (Eds.). *Literacy and Computers*. The Complications of Teaching and Learnig of Teaching with Technology. New York: The Modern Language Association of America, 1994. p. 195-219.

JOYCE, Michael. *Of Two Minds*. Hypertext Pedagogy and Poetics. Ann Arbor: The University of Michigan Press, 1995.

KOCH, Ingedore Villaça. *A Coesão Textual*. São Paulo: Contexto, 1989.

KOCH, Ingedore Villaça. *Desvendando os Segredos do Texto*. São Paulo: Cortez, 2002.

LEVINSON, Stephen. Activity types and language. *Linguistics*, 17, 1979, p. 365-399.

NELSON, Theodor Holm. Opening Hypertext: A Memoir. In: TUMAN, Myron C. (Ed). *Literacy Online*. The Promise (and peril) of Reading and Writing with Computers. Pittsburgh & London: University of Pittsburgh Press, 1992. p. 43-57.

ONG, Walter. *Oralidade e Cultura escrita*. São Paulo: Papirus, [1982]. 1998.

ONG, Walter. Writing is a technology that restructures thought. In: P. DOWNING, S.D. Lima; NOONAN, M. (Eds.). *The Linguistics of Literacy*. Amsterdam/ Philadelphia: John Benjamins, 1992, p. 293-319.

REBOUL, Anne; MOESCHLER, Jacques. *Pragmatique du Discours*. De l'Interprétation de l'Énoncé à l'Interpretation du Discours. Paris: Armand Colin, 1998.

SNYDER, Illana (Ed.). *Page to Screen*. Taking literacy into the electronic era. London & New York: Routledge, 1998.

VAN DIJK, Teun. *Some Aspects of Text Grammars*. The Hague: Mouton, 1972.

Capítulo 11

ENSINO/APRENDIZAGEM DA ESCRITA E TECNOLOGIA DIGITAL: O *E-MAIL* COMO OBJETO DE ESTUDO E DE TRABALHO EM SALA DE AULA

Juliana Alves Assis

Práticas discursivas no/do mundo digital: efeitos e demandas para o professor da Educação Básica

Muito se tem discutido e pesquisado, nas mais diferentes áreas de conhecimento, sobre os efeitos da tecnologia digital na vida contemporânea. Especificamente com relação ao computador e, mais recentemente, à Internet, pode-se dizer que as consequências da tecnologia digital para a vida humana são de diferentes ordens, que vão desde a transformação das relações de tempo e de espaço à criação de novas práticas discursivas, nas quais emergem novos gêneros textuais ou mesmo se redimensionam gêneros já existentes.

No campo específico da linguagem, não se trata exatamente de discutir se a Internet e outras inovações tecnológicas vão ou não imprimir mudanças no sistema linguístico, como defendem alguns, mas de refletir sobre o que isso nos permite enxergar sobre a linguagem e seus usos. Desse modo, está em jogo a compreensão das novas formas de interação construídas nos tipos de relacionamentos sociais possibilitados pelo desenvolvimento de novos meios de comunicação, tais como, por exemplo, a telefonia celular, a secretária eletrônica e a Internet, meios que permitem que as pessoas destinem suas ações para outras, dispersas no tempo e no espaço, bem como respondam a demandas e acontecimentos ocorridos em ambientes distantes (cf. Thompson, 1998). Dentro desse novo quadro, temos o estabelecimento de novas práticas orais e escritas, entre as quais podemos citar, por exemplo, o bate-papo pela Internet, o *e-mail,* o *spam,* a mensagem em secretária eletrônica, a consulta psicológica ou psicanalítica pela Internet, as listas de discussão e as mensagens de bip. Algumas dessas práticas trazem configurações diferentes a práticas já existentes, outras realmente inauguram formas de ação linguageira até então não experienciadas.

Certamente, esse elenco de interações sociais possibilitadas pelas novas tecnologias e construídas na dependência delas impõe aos professores da Educação Básica – e aqui focalizo, de forma particular, os professores de língua materna (no nosso caso, de Língua Portuguesa) – desafios no que toca ao que ensinar e como ensinar. Nesse caso, parto do princípio de que as atividades escolares de Língua Portuguesa têm como meta principal a construção, pelo aprendiz, de conhecimentos linguísticos e textual-discursivos que lhe permitam agir, de forma bem-sucedida, nas diferentes práticas discursivas de que tomar parte.

Por tudo isso, na seleção dos gêneros textuais a serem tomados como objeto de ensino pelo professor Língua Portuguesa devem ser incluídos aqueles que emergem da tecnologia digital e/ou que dela dependem.

Assim, estou trabalhando com a ideia de que o processo de inclusão social que tanto defende e demanda a nossa sociedade também deve abrigar expedientes de inserção de alunos da Educação Básica nas práticas discursivas inauguradas ou renovadas pela tecnologia digital.

Em se tratando de atividades de ensino/aprendizagem da escrita, esse quadro nos obriga não só a ampliar o número de gêneros textuais a serem estudados como também a rever princípios e crenças orientadores das ações pedagógicas do professor.

Com base nesse princípio e tomando como objeto de análise algumas características da materialidade textual do gênero *e-mail*, objetivo, neste artigo, discorrer sobre a necessidade de se redimensionarem pressupostos e estratégias da prática da escrita escolar.

Ensino/aprendizagem da escrita: desafios a serem enfrentados

Na última década, as relações entre fala e escrita foram foco de muitos trabalhos na área da Linguística; no entanto, ao que tudo indica, os conhecimentos respeitantes a essa realidade não têm sido ainda suficientemente difundidos e, por isso, pouco se tem alterado a prática escolar, sobretudo no que se refere ao ensino da escrita.

No que toca especificamente às atividades pedagógicas que incidem sobre a avaliação da escrita escolar, ainda é grande o número de ações que se pautam, equivocadamente, pela crença de que existem características específicas de textos escritos, decorrentes dos traços intrínsecos da modalidade atualizada e, quase sempre, opostas àquelas consideradas típicas dos textos orais.

Noutros termos, na avaliação desses textos, é comum que se operem com chaves que emanam de uma ideia de escrita baseada em crenças do que vem a ser a modalidade em que eles se produzem. Daí que, por exemplo, tanto a forma quanto a quantidade do dizer, em termos de explicitação de informações no texto, acabam, de algum modo, sofrendo avaliação alimentada pelo princípio de que, na escrita, há necessidade de maior verbalização, independentemente da natureza sociocomunicativa do texto em questão.

Esse tipo de conduta pode ser ilustrado pelo exemplo a seguir (trecho de um texto produzido em sala de aula), em que se estampam, em negrito, as observações/correções que uma professora faz no texto de sua aluna, produzido a partir das seguintes instruções: *escreva uma carta a alguém que você conhece.*[1]

EXEMPLO 1

> 22 de abril de 1999,
>
> ***P***
>
> Oi, Du *C*como vai?
>
> Recebi sua carta, (sei que não está sendo fácil para você e sinto muito por isso, mas não desista.) ***A: Mais dados***
>
> Du, você se lembra de quanto lutou e quis fazer este ***esse*** intercâmbio, das corridas atrás de passaportes; ***P*** e daquele dia ***em*** que, com pressa pegamos o ônibus errado e fomos parar do outro lado da cidade e tivemos que voltar a pé, pois não ***tínhamos*** tinhamos nenhum centavo.
>
> [...]

Muito embora entenda serem também discutíveis (e talvez com alguma polêmica) as correções de aspecto formal efetuadas pela professora na carta produzida pela aluna, o que mais chama a atenção nesse exemplo é a concepção de escrita subjacente à solicitação de que a aluna forneça "mais dados" (a quem? para quê?) sobre algo que, sabidamente, é compartilhado entre o remetente e o destinatário construídos no texto. Nesse caso, parece que a medida de avaliação do texto pela professora advém de um modelo de ensino da escrita do qual são apartados os fatores de natureza sociocomunicativa, que efetivamente regem o funcionamento dos textos. Ou seja, a correção que a professora empreende no exemplo em discussão parece se conduzir por critérios prioritariamente formais, os quais balizam, inclusive, a avaliação da

---

[1] O exemplo em questão me foi fornecido por uma aluna da graduação, que, em 1999, investigou como se dá o processo de ensino/aprendizagem da escrita, a partir da observação dos procedimentos e instrumentos usados em dez escolas da capital mineira. A professora usa, na correção, os sinais "P", para marcar desvios de pontuação, e "A", para indicar problemas de articulação.

quantidade do dizer (*Mais dados*) supostamente demandada pela modalidade escrita.

Esse tipo de abordagem, considerados os pressupostos teórico-metodológicos que o sustentam, traz como grave consequência a exclusão de muitos indivíduos da cultura escrita, uma vez que a entrada dos alunos nas práticas da escrita se restringe ao convívio com expedientes nos quais a língua é pensada como objeto exterior aos sujeitos e cuja dimensão formal tem mais importância do que suas possibilidades de funcionamento e significação.

O sucesso das ações escolares que visam ao ensino/aprendizagem da escrita, observadas as demandas de uma sociedade como a nossa, impõe, ao contrário, que se assuma que a escrita trabalha com a linguagem, objeto essencialmente mutável, uma vez que é sujeito às singularidades dos acontecimentos interativos. Dado que esses acontecimentos também são moldados pelas possibilidades e restrições trazidas pelas tecnologias em que emergem e das quais dependem muitos gêneros textuais, a formação do professor da Educação Básica deve, necessariamente, contemplar espaços para a construção de saberes que lhe permitam operar, em sua prática docente, com a diversidade e a dinamicidade das práticas discursivas e dos gêneros que nelas se configuram.

Além disso, o olhar sobre gêneros textuais mediados por tecnologia pode possibilitar – como, de fato, tem possibilitado a linguistas, professores e outros estudiosos da língua – o confronto de suas crenças sobre as relações entre fala e escrita e, consequentemente, a alteração das práticas de ensino da escrita.

Relações entre fala e escrita: abordagens, crenças e consequências

Em trabalho que propõe uma discussão sobre oralidade e letramento no contexto das práticas sociais, Marcuschi (1995 e 2001) analisa as variadas tendências dos estudos que têm se ocupado das relações entre língua falada e língua escrita: a perspectiva das dicotomias, a tendência fenomenológica de caráter culturalista, a perspectiva variacionista e, por fim, a perspectiva sociointeracional.

Com os termos *oralidade* e *letramento*, Marcuschi se refere a duas práticas sociais, as quais se apresentam sob variados gêneros textuais; já os termos *fala* e *escrita* são usados pelo autor para distinguir duas modalidades de uso da língua.[2] Neste artigo, procuro adotar a terminologia de Marcuschi, evitando, no entanto, o termo *letramento* no sentido indicado, por entender que este pode remeter tanto ao conjunto de práticas sociais que envolvem a escrita quanto ao próprio processo (contínuo) de aquisição da escrita pelos usuários da língua, a partir de diferentes agências de letramento (escola, família, igreja, etc.)

Quanto às tendências enumeradas, a primeira delas, regida pela perspectiva das dicotomias – mesmo em se tratando daqueles estudos em que não se manifesta a maior polarização da dicotomia fala/escrita, exatamente porque essa relação é enfrentada considerando-se a noção de um contínuo (tipológico ou da realidade social) –, gera trabalhos cuja análise, de modo geral, volta-se para o código e dele busca retirar a explicação para o fenômeno linguístico. Na base dos estudos que operam com essa concepção dicotômica, residem ideias advindas de um olhar que prioriza as condições empíricas do uso da língua e não, propriamente, as características dos textos produzidos. Isso explica, por exemplo, por que – não obstante as várias evidências em contrário que nos tem oferecido a observação de gêneros

---

[2] A fala, segundo Marcuschi (1995, p. 7), é "uma forma de produção textual-discursiva, sem a necessidade de uma tecnologia além do aparato disponível pelo próprio ser humano"; a escrita "seria, além de uma tecnologia de representação abstrata da própria fala, um modo de produção textual-discursiva com suas próprias especificidades".

da escrita que se servem de tecnologias, como a Internet –, mesmo em muitos dos recentes trabalhos que cuidam das relações entre fala e escrita, ainda se insiste em postular que "planejamento anterior à produção" e "não acesso do leitor ao processo de criação" (cf., por exemplo, Fávero *et al.*, 1999) são características próprias de textos escritos e, portanto, intrínsecas à escrita.[3]

A segunda tendência apontada por Marcuschi (*op. cit.*) verifica-se por estudos que se dedicam a análises de cunho cognitivo e antropológico da natureza das práticas da oralidade e da escrita, com ênfase na descrição e na análise das mudanças ocorridas nas sociedades em que se introduziu o sistema da escrita. Por meio dela, ainda de acordo com o autor, sustenta-se a ideia de que as culturas letradas são superiores, têm raciocínio dedutivo e pensamento abstrato, tudo isso possibilitado pela escrita, donde a propalada supremacia desta sobre a fala.

Tanto a primeira quanto a segunda tendência descritas por Marcuschi se apoiam em pressupostos que defendem certas propriedades intrínsecas à escrita, desvinculadas de seu contexto/processo de produção e, também, sua supremacia sobre a fala, aspecto que, por extensão, também incidiria sobre os grupos que a dominam.

Nessa direção apontam os estudos de autores como Goody (1997),[4] que associa o desenvolvimento do pensamento abstrato à escrita; Ong (1982), para quem a escrita, ao

---

[3] A exceção para esse quadro se mostra, por exemplo, em estudos que se dedicam à exploração das atividades de interação propiciadas pela tecnologia digital, entre os quais destaco os desenvolvidos por Jonsson (1997), Barros (2000) e Marcuschi (2001e e 2002). Nessas obras, as evidências de que, no exame dessas interações, estamos tratando de novas formas de textualização acabam por levar à constatação de que algumas verdades sobre o uso da língua (e não necessariamente sobre a língua) carecem de ser repensadas.

[4] Apesar de criticar vários parâmetros da dicotomia letrado/não letrado, Goody entende ser o parâmetro da abstração diretamente dependente da escrita.

contrário da fala – restritiva, subjetiva, simples, tradicional –, potencializa a condição de ser ciente, porque obrigaria a processos mentais mais complexos, objetivos, inovadores; Olson & Hildyard (1983), que entendem que textos escritos tendem a ser mais cuidadosamente planejados e expressam conjuntos formais de conhecimento. Note-se que as características elencadas nesses estudos são decorrência direta da observação da escrita desvinculada das práticas discursivas nas quais ela efetivamente está integrada, ponto de vista que explica que a pretensa "autonomia" do texto escrito se verificaria, também, no processo de interpretação desses textos, que seria determinado pela lógica interna a eles, livre do contexto de sua produção. Adverte, porém, Marcuschi (1994), apoiando-se em Rader (1982), que a autonomia semântica de textos escritos deve ser vista como uma utopia.

O reflexo mais sério dessa crença que tanto Rader como Marcuschi combatem pode ser encontrado no interior da escola, que ainda, de modo geral, opera com uma concepção de escrita decorrente do modelo de letramento a que Street (1984) denomina *letramento autônomo*.[5] Segundo esse modelo, há apenas uma maneira de se desenvolver a escrita, cujo aprendizado é que vai permitir o progresso cognitivo dos indivíduos. Nesse caso, o texto escrito que se pretende ensinar é tido como produto acabado, completo, possuidor de uma lógica interna que irá induzir a uma única leitura; daí a configuração interna do texto ser considerada como condição necessária e suficiente para sua interpretação.

Dadas essas condições, é possível afirmar que muitos dos problemas dos textos produzidos em sala de aula são, na realidade, decorrência do modelo de escrita subjacente às próprias práticas de ensino/aprendizagem da escrita. Em

---

[5] No modelo autônomo de letramento, a escrita é vista como produto complexo em si mesmo. Assim, o processo de interpretação seria determinado pela estrutura lógica interna ao texto e, por isso, não sofreria a atuação de aspectos vinculados à dimensão interpessoal da linguagem.

outras palavras, muitas das características dos textos consideradas inadequadas pela escola só assim se configuram em função de uma ideia de texto que, na prática escrita autêntica, em seus mais diferentes gêneros, não chega a se concretizar ou, melhor dizendo, não se manifesta de forma regular e consistente, uma vez que muitos e variados são os fatores que definem, delineiam, direcionam a produção textual, não sendo, para isso, a modalidade – escrita ou oral – fator determinante.

Há que se ter em conta, portanto, que os textos produzidos em situações reais atendem a demandas também reais, e delas depende o seu funcionamento. Assim acontece com os textos jornalísticos, publicitários, científicos, literários e tantos outros. Opostamente, textos produzidos em situação escolar, de modo geral, denunciam, de um lado, o não reconhecimento, por parte da escola, das dimensões reais do funcionamento da escrita e, de outro, a ineficácia de uma prática que opera com o artificialismo.[6]

Isso leva o aluno a transitar, na busca do acerto, da aprovação, entre um modelo ideal de escrita (cujas representações ele vai construindo a partir das intervenções ocorridas em sala de aula, quer nas provas que o professor corrige, quer nas apreciações explicitadas sobre os textos por ele produzidos) e as representações consequentes do contato "natural" com os mais diferentes tipos de texto a que ele tem acesso (cf. Assis; Matencio; Silva, 2001).

Quanto à tese de que o desenvolvimento cognitivo e, por decorrência, socioeconômico é favorecido pela escrita, ou seja, de que existe uma correlação direta entre escrita e desenvolvimento, podem-se lembrar aqui os estudos de Graff

---

[6] Reconheço, entretanto, que não temos, no país, um quadro homogêneo com relação às condições de trabalho do professor de língua materna, ao seu processo de formação, bem como ao acesso às mais recentes discussões em torno do objeto da Linguística. Além disso, também marca nossa realidade um longo convívio com o ensino de tradição gramatical, cujas principais crenças colidem com a abordagem sociointeracionista da língua/gem.

(1979, *apud* KLEIMAN, 1995), que mostram, por meio da análise dos efeitos de práticas de alfabetização em massa em alguns países do hemisfério Norte, no século passado, ser falsa a ideia de que a alfabetização leva à mobilidade social.

Talvez o perigo maior dessa associação de valores e atributos à escrita seja o fato de que, ao orientar o modelo de letramento dominante na sociedade (cf. KLEIMAN, 1995, e GEE, 1990[7] *apud* KLEIMAN, 1995), ela acaba por instaurar um terreno fecundo à reprodução de preconceitos contra os grupos não letrados ou não escolarizados (cf. MATENCIO, 1995; RATTO, 1995), bem como a perpetuação de falsas expectativas (algo como uma falsa credencial para o sucesso) para aqueles que ingressam no mundo da escrita pelas mãos da escola, isto é, seguindo os padrões escolares.

A perspectiva variacionista, apresentada por Marcuschi como a terceira tendência, é intermediária entre as duas primeiras e aborda fala e escrita sob o ponto de vista dos processos educacionais, isto é, as relações entre fala e escrita, consideradas suas diferentes manifestações, seriam, em contextos educacionais, um problema de variação linguística.[8] A função da escola seria, então, por esse prisma, possibilitar ao aluno a aquisição de outras "falas" e "escritas".

Por fim, a quarta perspectiva, à qual se filia Marcuschi, é vista pelo autor como a perspectiva sociointeracional, que trata as relações entre fala e escrita dentro de um *continuum* textual sem polaridades estritas, o que tem levado à formulação de fortes argumentos que conduzem à ideia, cada

---

[7] Gee mostra que o comum é que a escola não valorize a maioria das habilidades desenvolvidas pelas crianças em sua fase inicial de letramento, promovida no ambiente familiar.

[8] A esse respeito, consulte-se Bortoni (1995), em trabalho que evidencia como a conversa, as práticas de letramento e os processos intelectuais se relacionam em sala de aula e quais as suas consequências para a educação. A autora avalia se as escolas contribuem para que os alunos adquiram os estilos formais de fala e aborda como o professor deve lidar com os estilos não formais em sala.

vez com mais adeptos, de que não existem características intrínsecas às modalidades oral e escrita, mas sim decorrentes do modo como elas são atualizadas em textos. Desse ponto de vista, essas relações definem-se no contexto das práticas comunicativas e dos gêneros textuais.

É exatamente aí, ou seja, no âmbito do uso, da atualização, que entendo devam ser compreendidas as práticas sociais orais e escritas. Portanto, por entender que não existem, nas bases das modalidades oral e escrita, diferenças que se reflitam, de modo significativo, nos textos nelas produzidos, constituindo-os de forma peculiar, acredito que sejam pouco produtivos os estudos que se ocupam da tentativa de descrever as características da fala e da escrita baseando-se na crença de que cada uma dessas modalidades possua traços que lhes são próprios, intrínsecos, inatos, os quais, por sua vez, marcariam os textos produzidos nessas modalidades.

Pensando-se, então, em usos, muitos e variados serão os fatores externos à língua/gem (e não internos a cada uma de suas modalidades) que contornam, controlam e marcam os modos como ela se realiza, os quais vão desde a tecnologia envolvida – telefone, computador, tevê, lápis, papel, quadro-negro, etc. – até os elementos de ordem sociohistórica e subjetiva – o ambiente, os agentes envolvidos, suas relações e papéis sociais, os propósitos comunicativos, entre outros.

Sobre isso, cabe ainda lembrar que o desenvolvimento de novos meios de comunicação trouxe à humanidade a experiência com outras formas de interação social que não devem ser vistas simplesmente como outros recursos a partir dos quais vai se materializar aquilo que é inerente ao ser humano, a interação por meio da linguagem. Na realidade,

> o desenvolvimento de novos meios de comunicação não consiste simplesmente na instituição de novas redes de transmissão de informação entre indivíduos cujas relações sociais básicas permanecem intactas. Mais do que isso, o desenvolvimento dos meios de comunicação cria *novas* formas de ação e de intera-

ção e *novos* tipos de relacionamentos sociais – formas que são bastante diferentes das que tinham prevalecido durante a maior parte da história humana (Thompson, 1998, p. 77).[9]

Esses aspectos aqui arrolados acrescentam, certamente, outras orientações ao quadro em que se discutem as relações entre fala e escrita e, consequentemente, também aos modelos de ensino/aprendizagem da escrita.

Sob essa ótica, o foco para a produção textual escolar não deve ser o ensino de uma dada norma linguística – embora aqui não se vá negá-la –, mas o ensino de estratégias textual-discursivas por meio das quais se configuram diferentes gêneros textuais. Isso significa um trabalho que se volte para a formação da competência linguístico-discursiva, vista como a capacidade de agir em diferentes situações de interação, isto é, de produzir/compreender textos. Essa capacidade envolve e articula diferentes conhecimentos: as regras de organização e funcionamento do sistema linguístico, os conhecimentos textual-pragmáticos, que se reportam à dimensão textual e sociointeracional, e os conhecimentos de mundo (cf. MATENCIO, 2001). Tal competência deve pressupor, também, a capacidade para que os conhecimentos nela implicados possam ser sempre renovados, redimensionados, em função da variabilidade das práticas em que ela se materializa.

Dada essa realidade, um bom exercício a ser feito com os alunos da Educação Básica poderia ser eleger a prática de estudo e escrita de *e-mails* pelos alunos de uma dada turma. Como se sabe, é possível abrir facilmente uma conta em um *webmail* gratuito. Por meio desse recurso, os alunos poderiam fazer uma infinidade de coisas, que vão desde a troca de mensagens interpessoais, à semelhança das cartas íntimas, até a discussão de temas estudados em sala, o convite para uma festa ou reunião, o envio de piadas, fotos, solicitação de informações, formalização de consultas, reclamações a instituições, etc. Isso

---

[9] A tecnologia envolvida nessas novas formas de comunicação não cria, porém, como adverte Marcuschi (2001e), um novo objeto para a Linguística e, sim, traz novas relações com a língua, as quais merecem ser investigadas.

possibilitaria aos alunos o contato com uma prática escrita em que se manifesta uma grande gama de variações de registro e recursos de textualização, além de lhes permitir a reflexão sobre os diferentes fatores que concorrem para a configuração desse gênero, entre os quais se inclui a tecnologia.

Nessa medida, tomar como objeto de estudo e de trabalho gêneros textuais constituídos a partir da tecnologia digital pode significar um grande passo para o desenvolvimento da competência comunicativa dos alunos da Educação Básica e para o processo de inclusão social de grande parte deles.

O *e-mail*: que gênero textual é esse?

O *e-mail* é uma forma de comunicação assíncrona, normalmente de uma só pessoa para outra, embora possa ser de uma para várias, simultaneamente. Pode servir tanto à interação interpessoal quanto à comunicação institucional.

Geralmente, seus interlocutores são pessoas conhecidas ou amigas,[10] traço que, como nota Marcuschi (2002),[11] distingue o *e-mail* das listas de discussão.

---

[10] Comprova essa tendência o fato de que o envio de publicidades e mensagens afins é tido por muitos especialistas no assunto como fenômeno que ameaça a vida do *e-mail*. Aliás, tais mensagens, uma vez identificadas pelo usuário na "Caixa de Entrada" do programa que gerencia a correspondência eletrônica, costumam ser deletadas sem ser lidas.

[11] Em um instigante trabalho intitulado "Gêneros textuais e tecnologia digital", Marcuschi analisa as características de gêneros que estão emergindo no contexto da tecnologia digital: *e-mail*; bate-papo em ICQ (agendado); bate--papo virtual em salas privadas; entrevista com convidado; aula virtual por *e-mail*; bate-papo virtual educacional; videoconferência interativa; lista de discussão; endereço eletrônico. Sobre as listas de discussão, Marcuschi (2002, p. 33) distingue os seguintes aspectos: "Em certo sentido constituem grupos definidos como comunidades virtuais que se agrupam em torno de interesses bem determinados e operam via e-mails como forma de contato. São gêneros fundados numa comunicação assíncrona. Não existem temas fixos, mas existe algo assim como um *enquadre geral* de temas que podem ser falados pelos participantes dessas listas. Elas não são definidas pelo número de participantes e sim pela natureza da participação e identidade do participante. Este é identificado ou pelo seu nome ou pelo seu endereço eletrônico".

Como observa Crystal (2001), um consenso acerca das características do *e-mail* parece improvável, sobretudo se se considera a variação de idade, sexo e cultura dos usuários, bem como os diferentes propósitos ligados ao *e-mail*. Nessa medida, a própria diversidade pode ser considerada como um traço do gênero.

No que toca a seu formato textual mais geral, entretanto, é possível ver no *e-mail* uma sequência de elementos discursivos fixos, resultado da organização ditada pelo *software* que gerencia o correio eletrônico, a qual se tornou progressivamente estandardizada ao longo dos últimos vinte anos.

Tal como as cartas e os memorandos, os *e-mails* têm uma estrutura bipartite: uma área superior pré-formatada (cabeçalho) e uma área inferior para o corpo da mensagem.[12] Em alguns sistemas, quando se vai atachar um arquivo ao *e-mail*, um terceiro espaço se torna disponível no cabeçalho, com um ícone representando isso.

O cabeçalho do *e-mail* possui quatro elementos centrais,[13] podendo variar, dependendo do sistema usado, tanto a ordem quanto a quantidade de elementos exibidos. Também varia a forma de eles serem apresentados, dependendo de o foco recair sobre as mensagens enviadas ou sobre as recebidas. São eles:

a) após "Para" (*To*), o *endereço eletrônico* (chamado em português também de *e-mail*) para o qual a mensagem está sendo enviada; é digitado inteiro, manualmente, ou é

---

[12] Em seu estudo, Crystal (2001) descreve essa mesma estrutura.

[13] Além desses, outros elementos opcionais estão disponíveis na área do cabeçalho: (a) espaço para destinatário(s) que deve(m) receber uma cópia da mensagem (Cc) (também inserido manual ou automaticamente); o principal recebedor da mensagem é informado de que essa(s) cópia(s) foi(foram) enviada(s); (b) espaço para destinatário(s) que também recebe(m) uma cópia da mensagem, mas sem conhecimento do principal recebedor (*Bcc*, em inglês – *blind carbon copy* – e, em português, Cco, isto é, com cópia oculta); (c) espaço para símbolo indicando arquivo atachado (um clipe); (d) espaço no qual se indica o nível de prioridade da mensagem (um símbolo semelhante a um ponto de exclamação vermelho indica que a mensagem é de alta prioridade).

automaticamente preenchido a partir de comando no catálogo de endereço ou a partir do comando "Responder" (*Reply*), em caso de resposta a mensagem recebida. É um elemento obrigatório, sem o qual a mensagem não pode ser enviada;

b) após "De" (*From*), *o endereço eletrônico de quem envia o e-mail*, automaticamente preenchido pelo *software*. Também é um elemento obrigatório;[14]

c) após "Assunto" (*Subject*), uma *breve descrição do assunto, intenção, motivação da mensagem ou outros dados a ela relacionados*, inserida manual ou automaticamente, quando se trata de *reply*. Embora não seja obrigatório, é considerada uma prática eficiente incluí-lo;

d) após "Data" ou "Enviada em" (*Date*), *a data – dia, dia da semana, mês e ano – e o horário de envio da mensagem*, informações também inseridas automaticamente pelo *software*.

Esses são elementos capitais exibidos na "caixa de saída" e na "caixa de mensagens enviadas", frequentemente com a indicação da conta do servidor empregado. Quando a mensagem é recebida, eles são os principais elementos representados na "caixa de entrada" (com "De" (*from*) substituindo "Para" (*to*) e "Recebido" (*received*) substituindo "Enviado" (*sent*), itens que aparecem na "caixa de mensagens enviadas" do computador do remetente).

Também o corpo da mensagem[15] pode ser visto em termos de elementos obrigatórios e opcionais. O item obrigatório é a mensagem propriamente dita, de alguma natureza. Os demais são a saudação e o fecho.

Segundo os dados de Crystal (2001, p. 100), entre pessoas que se conhecem, mensagens sem cumprimento são, em

---

[14] Existem, no entanto, disponíveis no mercado, programas que, infelizmente, impedem ao destinatário a identificação do remetente.

[15] Isso vale para o caso de existência da mensagem, uma vez que é possível que, em se tratando de *e-mails* com arquivos atachados, o produtor nada escreva, embora essa não seja a situação regular nesse tipo de comunicação.

geral, mensagens respondidas automaticamente após o recebimento do *e-mail*, de modo "que quem responde vê a mensagem como a segunda parte de uma interação bipartite (um par adjacente) para a qual um cumprimento introdutório é inapropriado". O autor assinala que, quanto mais longa a demora em responder, maior a possibilidade de que a mensagem contenha uma saudação, acompanhada de um pedido de desculpas pela demora. Isso significa que as situações de interação possibilitadas pela tecnologia em questão vão definindo padrões de textualização do *e-mail* bem próximos de gêneros dialogais da oralidade, tais como o telefonema e conversa face a face.

Tal semelhança é bem visível no exemplo a seguir, uma série de quatro *e-mails*, cuja organização lembra bastante os turnos de uma conversa face a face ou por telefone (a primeira mensagem foi destinada a mais de um destinatário, as três últimas envolvem apenas dois participantes). Tal como ocorre em muitas interações linguísticas por meio desse gênero, a mensagem vincula-se estreitamente à mensagem anteriormente enviada, de tal modo que sua compreensão pressupõe, necessariamente, o conhecimento do que se disse imediatamente antes. Verifica-se, assim, o caráter dialogal do *e-mail*, aspecto que pode ser descrito como equivalente à sucessão de turnos em interações síncronas:

EXEMPLO 2[16]

MENSAGEM 1	MENSAGEM 2
De: Júlia Silva	De: Luz Félix
<jssilva@minas.br>	<lfix@uol.com.br>
Para: Luz Félix	
<lfix@uol.com.br>; Márcia <mnssilva@minas.br>; Amintas <aminatas@terra.com.br>	Para: Júlia Silva <jssilva@minas.br>

---

[16] Em todos os exemplos trazidos a este texto foram alterados nomes e outros dados que permitissem a identificação dos participantes envolvidos.

Data: Terça-feira, 29 de junho de 2004, 18:40	Data: Quarta-feira, 30 de junho de 2004, 10:34
Assunto: Minha filha	Assunto: Re: Minha filha
Com os amigos e amigas divido minha alegria. O bebê que (a)guardo é uma menina. Será Ana. Torçam por nós. Abraços. J.	J., Delícia! Que Deus abençoe vocês todos! Beijo, L.
MENSAGEM 3 De: Júlia Silva \<jssilva@minas.br\> Para: Luz Félix \<lfix@uol.com.br\> Data: Quarta-feira, 30 de junho de 2004, 11:16 Assunto: Obrigada Um beijo afetuoso.	MENSAGEM 4 De: Luz Félix \<lfix@uol.com.br\> Para: Júlia Silva \<jssilva@minas.br\> Data: Quarta-feira, 30 de junho de 2004, 10:38 Assunto: Re: Obrigada Outro pra você e ela.

Temos, nesse exemplo, fortes evidências de que as relações entre fala/escrita não podem ser polarizadas em termos de características pretensamente próprias ou restritas a uma ou a outra modalidade. Dito de outro modo, o exemplo oferece-nos alguns indícios de que não existem muitas razões que sustentem as fronteiras vistas entre elas, exatamente porque o olhar a partir do qual tais fronteiras, em maior ou menor grau, são detectadas sempre está – como é natural que ocorra – condicionado ao modo como os fenômenos linguísticos se mostram, isto é, permitem-se flagrar.

Assim (e aqui insisto realmente no óbvio), um estudo sobre as características da escrita – em uma comparação com a fala – que tome como *corpus* textos produzidos no espaço interacional possibilitado pela Internet certamente encontrará aí um conjunto de boas razões para relativizar (e até mesmo derrubar) muitos dos princípios que sustentam a polarização fala/escrita, especialmente aqueles assentados no padrão da sincronia e do planejamento e da verbalização simultâneos – para a fala – e assincronia e verbalização após (e já apagadas as marcas do) planejamento – para a escrita.

Isso nos leva a admitir que o melhor caminho para a construção de conhecimentos sobre a relação fala/escrita é aquele que se volta para as atividades comunicativas, que surgem emparelhadas às necessidades advindas da vida cultural e social, bem como às inovações tecnológicas que nos cercam. Nesse sentido, é possível pensar que, assim como são dinâmicas as formas discursivas construídas coletivamente para dar conta das necessidades de interação verbal de nossa sociedade, também ainda estão em aberto as reais possibilidades de uso da fala e da escrita e, portanto, também as suas fronteiras.

A organização textual do *e-mail*: algumas tendências

Como estou tratando de gênero em constituição, os dados a serem trazidos podem levar a perceber algumas tendências no processo de consolidação do *e-mail*. Movida por esse objetivo, recorrerei aos resultados do exame de 110 *e-mails*.[17]

Sobre isso, convém ressalvar que não estou à procura de resultados que atestem a homogeneidade do gênero, em termos de sua configuração formal. Aliás, exatamente por compreender que esse modo de interação propiciado pela tecnologia digital permite, com grande rapidez e consequente neutralização das distâncias, grande variedade de usos e funções para o *e-mail* (estreitar contatos, enviar arquivos, marcar reuniões e encontros, dar orientações, felicitar, pedir informações, contar piadas, divulgar produtos, etc.) é que parto do princípio de que uma grande diversidade –

---

[17] Esse conjunto de *e-mails* integra o *corpus* de análise de trabalho (Assis, 2002) em que analiso a interferência da tecnologia nas estratégias de explicitação e implicitação de informações nos gêneros *e-mail* e mensagem em secretária eletrônica.

em termos de organização estrutural e de uso de estratégias textuais – tende a ocorrer em sua materialização, aspecto que deve ser considerado pelo professor da Educação Básica.

Organização com segmentação de partes comuns ao gênero carta

Há a ideia de que o *e-mail* tenha assumido, em termos estruturais, a configuração da carta, exatamente por possuir e distinguir, em linhas separadas e, muitas vezes, com espaço duplo, esses três elementos: abertura/saudação, corpo da mensagem, despedida/"assinatura", o que se confirma nos resultados dispostos na tabela a seguir. É preciso esclarecer, no entanto, que essa característica, como todas as demais aqui listadas, pode variar em função da natureza do assunto, do grau de intimidade entre os participantes e, sobretudo, do número de mensagens de que se compõe a interação.

SEGMENTAÇÃO EM PARTES	PERCENTUAL DE *E-MAILS*
Nenhuma	7%
Somente da despedida/assinatura	22%
Abertura/corpo da mensagem/despedida e assinatura	71%

Abertura

A abertura do *e-mail* pode se organizar de várias maneiras: apenas com a inserção do nome do destinatário; com expressão que indique cumprimento informal, seguida ou não do nome do destinatário e de outras fórmulas de polidez, na esteira do cumprimento (*Oi, Olá, Ei, Fulano, Como vai?*); com as costumeiras formas empregadas em correspondências institucionais (*Prezado, Caro Fulano*); ou com aquelas usadas em cartas íntimas (*Querido Fulano*). Pode ocorrer, também, de não se usar nenhum tipo de abertura.

Embora os dados tenham mostrado grande variação nesse aspecto, é preciso registrar que, no caso dos *e-mails*-resposta, parece haver a tendência de se entrar direto com o nome do destinatário, sem uso de expressões que indiquem saudação, ou, não se utilizando esse recurso, principiar a mensagem propriamente dita, traços que denotam a grande proximidade entre os participantes da interação, os quais, numa situação de resposta (e não só nela, segundo mostram os dados), parecem se encontrar num quadro de interação semelhante ao que se estabelece em interações orais síncronas.

Sendo assim, a resposta a uma mensagem recebida funciona, como se viu no exemplo 2, como um novo turno da interação inaugurada com o *e-mail* a que se responde, o que nos remete, novamente, à necessidade de outro quadro teórico-conceitual para a compreensão das relações entre fala e escrita.

Fechamento (despedida)

Tal como ocorre com o item "abertura", também se manifesta variação no formato do fechamento do *e-mail*, podendo, inclusive, deixar de ocorrer marcação canônica do fecho, isto é, não haver formalização do encerramento da mensagem, o que, geralmente, é mais frequente em resposta a mensagem recebida. O mais comum são as despedidas que denotam intimidade entre os participantes (Beijos, Abraços, etc.), sendo raras as manifestações típicas dos gêneros epistolares institucionais (Atenciosamente, Cordialmente), que, quando ocorrem, expressam maior distanciamento entre os participantes, por força dos papéis sociais que assumem. Os encerramentos formalizados com expressões tais como "Obrigado" e "Grato" parecem ser condicionados não só pelas relações entre participantes como também pelo assunto de que trata o *e-mail*.

Assinatura

Embora não seja obrigatória, a frequência da assinatura no *e-mail* é grande. Com relação à forma de a "assinatura" se manifestar, temos desde a inserção do primeiro nome ou apelido do remetente, caso mais comum (o que denuncia o caráter de proximidade que o *e-mail* instaura entre os interlocutores), até o uso do nome completo, às vezes seguido de dados, tais como telefone, endereço, setor onde trabalha e até (inacreditavelmente!) o endereço eletrônico.

Recorte (colagem) de trechos da mensagem a que se responde

A colagem de trechos do *e-mail* recebido ao que se responde é algo que distingue, com singularidade, a escrita de *e-mails* de outras escritas. Segundo comenta Marcuschi (2002), apoiando-se no estudo de Jonsson (1997), copiar e colar fragmentos é atividade comum em qualquer escrita eletrônica, o que, no *e-mail*, é uma ação que empresta ao texto uma dinâmica nova e inusitada, semelhante à sucessão de turnos na conversa face a face ou por telefone. Dos 110 *e-mails* que servem de base a esta análise, 56 são *e-mails*-resposta; desses 56, 9 *e-mails*, ou seja, cerca de 16%, constroem-se com o recurso da "colagem", exemplificado a seguir:

EXEMPLO 3[18]

> De: Sandro Silva <ssilva@minas.br>
> Para: Clodoveu Pilos <cpilos@uol.com.br>
> Data: Segunda-feira, 25 de Outubro de 1999 17:52
> Assunto: Re: Recomendação para o doutorado
>
> Clodoveu,
> >- qual e' a sua area de graduacao mesmo?? Sou Graduado em Ciência da Computação pela PUC Minas
> >- eu tenho que enviar diretamente pra eles? Ou seja, no meu caso, entregar
> >diretamente 'a secretaria, em vez de entregar pra voce?

---

[18] Para facilitar a leitura do exemplo, estão em negrito as passagens "coladas" do *e-mail* a que se responde.

> SIM, SE VOCÊ NÃO SE IMPORTAR, ENTREGUE NA SECRETARIA DA PÓS-GRADUAÇÃO (DCC) POR FAVOR!
> Obrigado,
> Um abraço,

Descrição da "linha de assunto"

Com base nos *e-mails* que investiguei, pode-se defender uma tipologia para o campo do "assunto" nesse gênero, construída conforme o tipo de informação que veicula e seu papel no quadro de interpretação da mensagem. Essa tipologia abriga, a princípio, cinco situações, que serão apresentadas, em linhas gerais, a seguir:

a) *especificação do assunto (central ou único), isto é, aquilo de que se tratará no e-mail – GEL, nota final, notícias e matrícula.* A quantidade e o tipo de informação verbalizada dependerá do quanto os interlocutores compartilham sobre o assunto ou a natureza da interação em curso. Nesse tipo de preenchimento, o foco incide, portanto, sobre o assunto;

b) *nome do remetente e/ou indicação de informações que possibilitem ao destinatário a identificação da origem do e-mail – Andréia, Pós-graduação Pedro Leopoldo, DA Letras PUC.* Essa situação é comum nos casos em que o endereço eletrônico de origem da mensagem é usado por mais de uma pessoa ou quando, embora de uso exclusivo do remetente, não revela com transparência ou imediatez, na perspectiva deste, a origem do *e-mail* (de modo geral, o emprego dessas informações ocorre entre pessoas conhecidas, mas não íntimas). O que está em jogo, portanto, é a identificação da origem da mensagem por parte do destinatário;

c) *expressões que trazem manifestação do ponto de vista do produtor ou indicam saudação, chamamento, em tom informal – hey ton!!!, oie!!, Viva!!!, Que alegria!.* Normalmente, aparecem em *e-mails* cujo foco incide sobre a dimensão interacional. Assim, de modo geral, a função central é apenas fazer ou restabelecer contatos, como em muitas cartas pessoais, daí que sempre envolvem pessoas conhecidas, com relativo grau de intimidade. Marca, ainda, esse tipo de preenchimento o uso de sinais de pontuação, que denunciam a perspectiva de quem escreve;

d) *referência (com maior ou menor precisão) ao arquivo enviado anexo – Plano de ensino – informática, Síntese Curso Prepes*. Nesse caso, o *e-mail* tem como função central ou única encaminhar o arquivo anexo; daí que, às vezes, o que o produtor faz é tão somente preencher o cabeçalho de envio e anexar o arquivo, ou seja, o autor pode entender não ser necessário produzir o corpo da mensagem (com algo como *Estou enviando o arquivo que prometi....*), uma vez que a informação expressa no "assunto" cumpriria essa missão;

e) *referência ao propósito do e-mail para o produtor, pelo menos daquele que ele deseja verbalizar – Encaminha trabalho para apreciação, mande um e-mail, solicitação de arquivos de pesquisa, agradecimento*. Essas ocorrências refletem o entendimento do produtor de que, na atividade linguística em jogo, é importante esclarecer o destinatário quanto ao objetivo da interação. O foco do preenchimento do "assunto" está, então, no propósito, na ação que se quer realizar.

Apesar de não serem comuns, também ocorrem *e-mails* sem o preenchimento da "linha de assunto". Em meus dados, essa situação ocorreu principalmente quando a mensagem era esperada pelo destinatário, caso em que o item "assunto" perde a relevância.

No que respeita à estrutura das informações contidas na "linha de assunto" do *e-mail*, é possível estabelecer certas semelhanças com o título em alguns gêneros textuais, na medida em que ambos podem se construir remetendo ao assunto central do texto, com ou sem manifestação do ponto de vista do produtor.

Há, no entanto, propriedades particulares para esse item, definidas, inclusive, na esteira da tecnologia a que o gênero se prende. Assim, embora possa variar o tipo de organização e mesmo o papel mais específico das informações contidas na "linha de assunto", esse item no gênero em estudo parece atuar, preponderantemente, na monitoração do processo de recepção do texto, seja indicando o assunto a ser tratado, o nome ou os dados do remetente, o sentimento que move o contato ou a escrita, seja, ainda, lançando mão de recursos prototipicamente vistos como marcas de interatividade (uma vez que materializam de forma inequívoca a construção de um diálogo entre um "eu" e um "tu"). Dessa forma, "a linha de assunto", sobretudo porque antecede, na "caixa de entrada", a abertura do corpo da mensagem no processo de recepção de *e-mails*, é recurso de "controle" da compreensão, de desencadeamento do primeiro enquadre de interpretação da mensagem (que pode, inclusive, ser excluída antes de ser lida), definindo-se, portanto, no campo dos procedimentos sociointeracionais do processamento textual.

Por fim, cabe considerar, ainda sobre esse recurso, que, dada a variedade de funções e formatos que "a linha de assunto" pode assumir no *e-mail*, tem-se aí um bom campo de trabalho para o professor da Educação Básica, (i) seja com relação ao trabalho com a leitura (por exemplo, na discussão sobre as orientações que essa informação fornece para a produção de sentido do *e-mail*, as inferências produzidas a partir delas, os pressupostos e os subentendidos flagrados), (ii) seja nas práticas de estudo e escrita do gênero (por exemplo, por meio da análise da relação entre o padrão de preenchimento da "linha de assunto" e os papéis sociais envolvidos no *e-mail*, o tipo de interação estabelecida, os objetivos do texto, etc.).

Para encerrar essa descrição, devo incluir outras características igualmente observadas no grupo de *e-mails* examinado:

a) o uso de *emoticons* (ideogramas para sentimentos e emoções) ocorre nos *e-mails*, embora, como constata

Marcuschi (2002), não seja tão constante quanto se apregoa (apenas em cinco mensagens isso se manifestou);[19]

b) a frequência de erros de digitação (troca e supressão de letras, repetição de palavras sem efeito discursivo intencionado) é considerável – resultado, talvez, da não necessidade de revisão que os usuários atribuem a essa prática. Entretanto, em casos de trocas que envolvem participantes cujos papéis sociais se definem a partir de relações assimétricas, tais como o de professor X aluno e coordenador X professor, por exemplo, é comum (ainda que isso não tenha se manifestado em todos os meus exemplos) haver maior preocupação com a revisão do texto, sendo os equívocos de digitação, nesses casos, mínimos ou inexistentes;

c) o uso de abreviaturas e siglas é comum, tendo ocorrido em quase metade das mensagens que examinei;

d) a mudança de linha é, com frequência, usada para marcar introdução de novo tópico; ocorre, também, o uso de numeração ou outro tipo sinal que indique sequência de tópicos (letras ou hífen, por exemplo), quando o *e-mail* se constrói em torno de mais de um assunto; nesse caso, é comum que o destinatário, ao responder, recorra ao mesmo tipo de expediente para introduzir respostas, comentários, observações a cada um dos itens presentes no *e-mail* recebido;

e) o uso de *post scripta* no *e-mail* não é, como anuncia Crystal (2001), pouco expressivo, tendo se manifestado em meus dados em cerca de 14% das mensagens;[20]

---

[19] É de considerar também que o uso de *emoticons* possa estar vinculado ao perfil do usuário, variando com a faixa etária, por exemplo.

[20] É preciso considerar que, sendo a tecnologia empregada no sistema de produção de *e-mail* absolutamente propícia à inserção, em qualquer parte e momento da construção do texto, de comentários e informações que o produtor julgue relevantes, não faz muito sentido tomar o *post scriptum* como algo que, a exemplo das cartas pessoais escritas à mão e tendo em vista as condições de sua produção, tenha se tornado parte da estrutura do gênero (embora não obrigatória) exatamente pela necessidade do produtor de

f) o tamanho do *e-mail* pode variar de apenas uma linha (ou uma palavra) ou mais de 60 (aliás, em meu *corpus*, o maior *e-mail* possui exatamente 60 linhas). No entanto, algumas tendências se manifestam, demonstrando que o *e-mail*, em termos de extensão, comumente não é grande.[21]

Esses e outros traços oferecem ao professor de Língua Portuguesa um bom conjunto de dados a partir dos quais se podem (re)pensar as convenções e crenças sobre a escrita e seus efetivos usos.

Sobre isso, é bom reiterar, também, não se pode perder de vista algo que me parece constituir, de fato, a natureza do *e-mail*: a alta dependência da tecnologia, sempre dinâmica, e, portanto, a grande chance de que fatos hoje tidos como verdade sobre o gênero não façam mais sentido daqui a alguns anos. Retomo, assim, um dos princípios norteadores deste texto: o de que o estudo sobre as interações verbais bem como o seu ensino não podem prescindir do exame dos modos de produção em que elas se efetivam.

Para encerrar

Conforme se pôde constatar pelo percurso tomado para a construção deste texto, o exame da relação tecnologia/gênero/língua permite revelar o quão improdutiva é a tentativa de se estabelecer quadro opositivo entre fala e escrita, mesmo que essa descrição não mais seja eivada de crenças de onde

---

inserir, mesmo após a finalização da carta, algo de que se lembrasse e julgasse relevante ao seu propósito comunicativo (sem que fosse obrigado a redigir novamente a carta por conta da informação esquecida). Assim, parece-me que o principal traço que tal expediente adquire no gênero (como também se dá com a carta pessoal) é o abrigar informações que estejam no campo da negociação das imagens, isto é, atuando em prol da dimensão interacional, com o foco nas relações interpessoais.

[21] Marcuschi (2002), com base em análises de um *corpus* reduzido, constata que os *e-mails*, comparados às cartas pessoais, apresentam frases mais curtas, com, em média, três a cinco palavras a menos por frase.

emana a ideia de supremacia da escrita sobre a fala. Aliás, como pondera Barros (2000, p. 76-77):

> os usos lingüísticos que ocupariam os lugares extremos da fala e da escrita 'puras' e 'sem contágios' e que são definidos como termos contrários são pouco comuns e servem, antes de mais nada, como pontos de partida da caracterização que se pode fazer na diversidade de modalidades de uso que a língua apresenta.

Assim, reafirmo que, por entender que a tecnologia está cada vez mais estreitamente vinculada a novos usos da língua bem como a novas práticas discursivas, as práticas escolares devem considerar as atividades linguísticas situadas, e não estruturas da língua *descarnadas de seus usuários* (cf. MARCUSCHI, 2001c).

No conjunto de fatores que devem ser levados em conta no ensino de Língua Portuguesa, ressaltam as tecnologias de que emergem muitos gêneros textuais e às quais se encontram estreitamente vinculados. Com relação a esse aspecto, reitero a importância de se tomar para estudo tais gêneros, uma vez que isso pode nos permitir, como ressalta Marcuschi (2002), rever conceitos tradicionais sobre o funcionamento da língua e, consequentemente, repensar nossa relação com a oralidade e a escrita, a partir do redimensionamento das crenças e dos princípios orientadores do trabalho com os textos orais e os escritos.

É bem verdade que o número de habitantes do planeta ainda é absurdamente maior do que o universo de pessoas que participam de trocas propiciadas pelo correio eletrônico. A despeito dessa realidade, que também deve ser lida como consequência da imensa desigualdade econômica e social que caracteriza as nações do mundo, bem como das representações que parecem conduzir a avaliação de usuários da língua sobre as práticas mediadas por tecnologia, não há como negar que os gêneros textuais que vêm emergindo com a tecnologia digital vêm se consolidando como práticas de uso da língua à qual se associam novos valores e regras de interação, que não podem ser negligenciadas pela escola.

Dessa forma, tomar o professor de Língua Portuguesa como agente de letramento implica revestir suas ações de ensino/aprendizagem de um compromisso com o perfil dos cidadãos que nossa sociedade precisa construir. Isso significa tomar como objeto de ensino e de trabalho textos que efetivamente componham o universo das práticas discursivas, o que demanda, por conseguinte, no caso da escrita, a adoção de expedientes menos artificiais na tarefa de produção textual e, portanto, mais próximos da realidade e da necessidade (presente e futura) dos alunos.

Sob essa perspectiva, a escrita de *e-mails* se configura como um valioso instrumento, na medida em que, por meio da condução do professor de Língua Portuguesa, pode permitir ao aluno experiências com as diferentes funções sociocomunicativas a que o *e-mail* se presta, dependendo da natureza da interação, dos objetivos assumidos para a sua produção e dos papéis sociais envolvidos: convite para festa ou outro evento; solicitação de reserva de auditório ou equipamento na escola; reclamação de produtos e/ou serviços a uma empresa; pedido de esclarecimento sobre determinado assunto; manifestação de opinião sobre matéria ou artigo jornalístico; pedido de revisão de nota para professor; socialização de uma notícia com os colegas e amigos; etc.

A reflexão sobre essas práticas bem como o estudo dos textos que nelas se efetivam será útil ao aluno no que toca ao desenvolvimento de seus conhecimentos linguísticos e na construção de modelos textual-interativos mais maleáveis e plásticos, que funcionem como orientações seguras para outras atividades linguísticas de que vier a tomar parte na ação linguística.

REFERÊNCIAS

ASSIS, Juliana Alves. *Explicitação/implicitação no e-mail e na mensagem em secretária eletrônica*: contribuições para o estudo das relações oralidade/escrita. Belo Horizonte: UFMG/FALE, 2002. (Tese de doutorado)

ASSIS, Juliana Alves; MATENCIO, Maria de Lourdes Meirelles; SILVA, Jane Quintiliano Guimarães. Explorando as representações do texto escrito. *Scripta*. Belo Horizonte: Editora da PUC Minas, v. 4, n. 7, 2000.

BARROS, Diana Luz Pessoa de. Entre a fala e a escrita: algumas reflexões sobre as posições intermediárias. In: PRETI, Dino (Org.). *Fala e escrita em questão*. São Paulo: Humanitas – FFLCH/USP, 4, 2000.

BATESON, Gregory. *Steps to an ecology of mind*. New York: Ballantine, 1972.

BORTONI, Stella Maris. Variação lingüística e atividades de letramento em sala de aula. In: KLEIMAN, Angela B. (Org.). *Os significados do letramento*: uma nova perspectiva sobre a prática social da escrita. Campinas, SP: Mercado de Letras, 1995.

CRYSTAL, David. *Language and the Internet*. Cambridge: Cambridge University Press, 2001.

FÁVERO, Leonor *et alii*. *Oralidade e escrita*: perspectivas para o ensino de língua materna. São Paulo: Cortez, 1999.

GEE, J. *Social linguistics and literacies*: ideologies in discourses. Hampshire: The Falmer Press, 1990.

GOODY, J. *The domestication of the savage mind*. Cambridge: Cambridge University Press, 1977.

GRAFF, H. J. *The literacy myth*: literacy and social structure in the 19th century. New York: Academic Press, 1979.

JONSSON, Ewa. *Electronic Discourse: On Speech and Writing on the Internet*. Disponível na WWW em: <http://www.ludd.luth.se/users/jonsson/D-essay/ElectronicDiscourse.html>, 1997.

KLEIMAN, Angela B. Modelos de letramento e as práticas de alfabetização na escola. In: KLEIMAN, Angela B. (Org.). *Os significados do letramento*: uma nova perspectiva sobre a prática social da escrita. Campinas, SP: Mercado de Letras, 1995.

MARCUSCHI, Luiz Antônio. Na relação entre fala e escrita. Recife, 1994. Versão preliminar da conferência apresentada no I ENCONTRO NACIONAL SOBRE LÍNGUA FALADA E ENSINO, na UFAL, Maceió, Alagoas, 1994a (digitado).

MARCUSCHI, Luiz Antônio. Contextualização e explicitude na relação entre fala e escrita. In: ANAIS DO I ENCONTRO NACIONAL SOBRE LÍNGUA FALADA E ENSINO. Maceió: Universidade Federal de Alagoas, 1994b.

MARCUSCHI, Luiz Antônio. Oralidade e escrita. Conferência de abertura do II ENCONTRO FRANCO-BRASILEIRO DE ENSINO DE LÍNGUA. UFRN, Natal, outubro de 1995 (digitado).

MARCUSCHI, Luiz Antônio. *Da fala para a escrita*: atividades de retextualização. São Paulo: Cortez, 2001a.

MARCUSCHI, Luiz Antônio. A Lingüística e as novas tecnologias. Texto apresentado na mesa-redonda sobre "A Lingüística e suas interfaces", durante o II CONGRESSO INTERNACIONAL DA ABRALIN, Fortaleza, 14 a 17 de março, 2001b (digitado).

MARCUSCHI, Luiz Antônio. Atividades de referenciação no processo de produção textual e o ensino de língua. Texto apresentado no I ENCONTRO NACIONAL DO GELCO, Campo Grande, 10 a 13 de outubro, 2001c (digitado).

MARCUSCHI, Luiz Antônio. *Gêneros textuais emergentes e atividades lingüísticas no contexto da tecnologia digital.* In: GEL – GRUPO DE ESTUDOS LINGÜÍSTICOS DO ESTADO DE SÃO PAULO. USP – Universidade de São Paulo, 23-25 de maio, 2002.

MATENCIO, Maria de Lourdes Meirelles. Analfabetismo na mídia: conceitos e imagens sobre o letramento. In: KLEIMAN, A. B. (Org.) *Os significados do letramento:* uma nova perspectiva sobre a prática social da escrita. Campinas, SP: Mercado de Letras, 1995.

MATENCIO, Maria de Lourdes Meirelles. *Estudo da língua falada e aula de língua materna:* uma abordagem processual da interação professor/alunos. Campinas: Mercado de Letras, 2001.

OLSON, D. R.; HILDYARD, A. Writing and literal meaning. In: MARTLEW, M. (Org.). *The psychology of the written language*: developmental and educational perspectives. New York: John Wiley and Sons, 1983.

ONG, W. J. *Orality and literacy:* The technologizing of the word. Londres: Meuthen, 1982.

RADER, Margaret. Context in written language: the case of imaginative fiction. In: D. TANNEN (Ed.), 1982.

RATTO, Ivani. Ação política: fator de constituição do letramento do analfabeto adulto. In: KLEIMAN, Angela B. (Org.). *Os significados do letramento*: uma nova perspectiva sobre a prática social da escrita. Campinas: Mercado de Letras, 1995.

STREET, B. V. *Literacy in theory and practice*. Cambridge: Cambridge University Press, 1984.

THOMPSON, John B. *A mídia e a modernidade*: uma teoria social da mídia. (Trad. de Wagner de Oliveira Brandão). Petrópolis, RJ: Vozes, 1998.

WALLACE, Patricia. *The psychology of the Internet*. Cambridge: Cambridge University Press, 1999.

Os autores

ANA ELISA RIBEIRO
É doutora em Estudos Linguísticos pela UFMG, graduada em Letras pela mesma universidade. Atua como professora universitária e escritora. É apaixonada por textos e por livros.
E-mail: *ana@patife.art.br*

ANTÔNIO ZUMPANO
Professor do Departamento de Matemática da UFMG, pesquisador do CNPq, trabalha com processos não lineares de difusão. Leitor atento de Borges, participa de estudos transdisciplinares em que tenta caracterizar conceitos, oriundos de vários saberes, que atuam como elementos de produção de sentido em textos literários contemporâneos. Autor principal do artigo "Aspectos fenomenológicos do conceito de rede: o Aleph, ubiqüidades", publicado na revista *Caligrama* (2003) da Faculdade de Letras UFMG.
E-mail: *zumpano@mat.ufmg.br*

CARLA VIANA COSCARELLI
É doutora em Estudos Linguísticos e professora da Faculdade de Letras da UFMG. Autora do *Livro de Receitas do Professor de Português* e organizadora do livro *Novas tecnologias, novos textos, novas formas de pensar*. Acredita que a informática pode transformar a educação em uma experiência mais rica e mais prazerosa, não só para os alunos, mas também para os professores.
E-mail: *ccoscarelli@letras.ufmg.br*

CECÍLIA GOULART
É doutora em Letras pela PUC-Rio e professora da Faculdade de Educação da Universidade Federal Fluminense. Realiza estudos na área de alfabetização e linguagem e desenvolve pesquisa sobre letramento (CNPq) e sobre a história da alfabetização no município de Niterói no século XX (FAPERJ).
E-mail: *cecilia@ism.com.br*

ELSE MARTINS DOS SANTOS
Professora de Português, Literatura e Produção de Texto no Ensino Fundamental e Médio. Professora de Linguística, Morfologia e Sintaxe no Ensino Superior. Mestre e doutoranda em Estudos Linguísticos pela UFMG. Tem se dedicado aos estudos sobre a leitura nos livros didáticos.
E-mail: *allem@terra.com.br*

ISABEL CRISTINA A. DA SILVA FRADE
É pedagoga, doutora em Educação, pela FAE/UFMG. Atua como professora na Faculdade de Educação da UFMG nas áreas de Alfabetização e Letramento e na área de Comunicação Educativa (Mídias e Educação). É professora do Programa de Pós-graduação da FAE/UFMG e pesquisadora do CEALE (Centro de Alfabetização, Leitura e Escrita da UFMG), com interesse pela história da alfabetização e dos livros didáticos e também pela pesquisa de inovações em leitura e escrita na/pela escola. Recentemente, tem orientado trabalhos na área de letramento digital de professores e alunos.
E-mail: *frade@ciclope.lcc.ufmg.br*

JOÃO THOMAZ PEREIRA
Enquanto estava entre nós, João Thomaz enviou o trabalho bacana que consta neste livro. Foi professor e pesquisador e, temos certeza, contribuiu muito com os colegas e amigos ao pensar e repensar a trajetória do ser humano na linguagem e nas novas tecnologias. João deixa este texto e muitos outros, além das saudades que o farão presente

conosco em todas as conversas sobre ensinar e aprender. Tivemos a alegria de encontrá-lo nesta jornada e de herdar esta parte preciosa de sua contribuição intelectual.

JULIANA ALVES ASSIS

É professora do Departamento de Letras da Pontifícia Universidade Católica de Minas Gerais (PUC Minas), mestre em Estudos Linguísticos e doutora em Linguística pela UFMG. Possui publicações em que aborda as relações entre tecnologia e gêneros textuais, com interesse para a aplicação desses estudos no ensino. Atualmente, tem se dedicado a pesquisas sobre a formação de professores, campo no qual se desenvolvem seus mais recentes trabalhos.
E-mail: *juassis@pucminas.br*

LUIZ ANTÔNIO MARCUSCHI

É titular em Linguística na Universidade Federal de Pernambuco, doutor em Filosofia da Linguagem pela Universidade de Erlangen - Alemanha. Autor de ensaios e artigos em revistas, coletâneas e anais. Entre seus livros estão: *Lingüística de Texto*: o que é e como se faz (1983 -UFPE); *Análise da Conversação* (1986, Ática); *Da Fala para a Escrita*: atividades de retextualização (2001, Cortez); *Hipertexto e Gêneros Digitais* (Org. com Xavier, Lucerna, 2004).
E-mail: *lamarcuschi@uol.com.br*

OTACÍLIO JOSÉ RIBEIRO

É mestre em Engenharia da Produção, na área de Mídia e Conhecimento, pela UFSC. Licenciado em matemática e especialista em Educação e Psicopedagogia. Professor do Unicentro Newton Paiva e da Escola Municipal Caio Líbano Soares, da Prefeitura Municipal de Belo Horizonte. Atua ainda na área de Psicopedagogia Clínica e Institucional na Escola Estadual José Bonifácio. Atualmente vem se preocupando com a questão da aprendizagem mediada pela tecnologia.
E-mail: *jota@larnet.com.br*

RENATO ROCHA SOUZA
É doutor em Ciência da Informação pela ECI – UFMG, professor da Escola de Ciência da Informação da UFMG, mestre em Engenharia de Produção pela UFSC, especialista em Informática na Educação pelo IEC/PUC-MG e graduado em Engenharia de Sistemas, pela PUC-RJ.
E-mail: *rsouza@eci.ufmg.br*

Este livro foi composto com tipografia Gatineau e impresso
em papel Off Set 75 g/m² na gráfica Rede.